JN410994

공황장애는 가짜다

공황장애는 가짜다

발행일 2012년 04월 13일
지은이 윤용진
발행인 문상필
편집디자인 김권기

펴낸곳 주식회사 애니빅
주소 서울 영등포구 문래동1가 39번지
센터플러스 601호 (경인로82길 3-4)
대표번호 02-2164-3840
고객센터 02-2164-3840
팩스번호 02-6209-7749
홈페이지 www.anibig.com
이메일 0221643840@hanmail.net
출판등록 제318-2008-00010호

ISBN 978-89-97617-09-8

공황장애는 가짜다

歐和 윤 용 진 지음

● 들어가는 말

현대인들의 삶은 너무나도 바쁘고 힘들어 보인다.

아침 일찍 일어나 덜 깬 눈을 비비며
만원 전철에 몸을 싣고 일터로 나가야 한다.
직장에선 위아래 사람 스트레스를 받아가며
업무를 봐야 하고
좁은 식당에서 얼른 점심을 먹고 나와
외근도 가야 한다.
그러는 와중에도 손에 든 핸드폰으론
연신 전화가 걸려오고
또 수시로 메일도 체크하지 않으면 안 된다.
해가 지고 나면
윗사람이나 고객의 술자리 요구가
조금은 지나치더라도

뿌리쳐서는 될 일이 아니고
그간 못 본 친구들의 성화 때문에
가끔은 친구들과도 술자리를 같이 해줘야 한다.
지친 몸을 이끌고 집에 들어와
이런저런 집안일들도 상의해야 하고
내일을 위해 가끔은 오지도 않는 잠도 청해야 한다.
주말에는 식구들 눈치를 보며 비위도 맞춰야 하고
그간 못한 일들도 마저 해내야 한다.

내가 보기엔 그야말로 머지않아
모두들 머리가 다 터져버리지는 않을까 걱정이 된다.

실제로 40세도 되기 전에 공황장애나 조울증 등을
호소하는 사람들이 생각보다 많다.
어쩌면 당연한 결과로도 보인다.

그러면 현대인들은 왜 이러고들 살아야 하는 걸까?
차라리
아마존 원시 부족들의 생활이 훨씬 행복해 보인다.

이유를 한번 물어보자.
대부분 "나도 먹고 살아야지."란 말들을 한다.

진짜 그런 걸까?
스님 중에는 건강을 위해
아침에 죽 한 끼를 드시는 분도 계시다는데.
그러고 보면 "먹고 살아야지."란 말은

"잘 먹고 잘살아야 지."의 줄임 말로
"좀 더 행복하게 살고 싶다."는
의미로 해석하는 것이 좋겠다.

하지만 또 그들에게 막상
"당신의 행복은 무엇입니까?" 물으면
금방 답을 할 수 있는 사람도 없어 보인다.

참으로 아이러니(irony)한 일이다.

결국 현대인들의 일상은 행복하게 살기 위해
행복을 포기하는 모양으로 밖에는 보이지 않는다.

덴마크 철학자 키에르케고르(Kierkegaard)가
"진리는 역설(Paradox)이다." 라고 했듯이

현대인의 삶은 그야말로
역설들로 가득 차있는 듯 보인다.

나는 이 역설들을 풀어보기 위해
그간 어설프게나마
옛 성인들이 쓴 경(經)이란
책들을 들여다보았다.
그리고
시간이 날 때마다 글을 써왔다.
Face Book에도 올려 왔던
짧은 수필형식의 글들이다.

친구들의 공황장애나 조울증 등을
조금이나마 예방하고 싶은 마음에서였다.

나도 한때는 심한 공황장애에
패소공포증까지 있었다.
이것들은 정말 무서운 병들이다.
뭔가 느낌이 오는 순간
숨이 막혀오고 머리가 공포로 휩싸인다.
손으로 하늘을 뚫고 싶은 답답함에
천장이나 벽만 봐도 무서웠고
저녁이 되면 어두운 것이 답답해
집 이곳 저곳에
불을 켜놓지 않고서는
잠도 잘 수 없었다.

그러던 어느 날 새벽
불교TV에서 흘러나오는 뜻도 모를
불경 소리에 마음이 가라앉았다.
그로부터 나는 경(經) 공부에 들어갔다.

그 공부들을 통해 하나하나
이 병들의 원인을 찾아냈다.

사실 벽암록이나 무문관 같은
불가에 선문답 책들을
읽어나가는 동안에는
처음 공황장애 때보다도 더 심한

두통과 공포감들이 몰려왔는데
그럼에도 불구하고
그 책들을 내려놓지 못했던 것이
지금 생각해도
잘 이해가 가지 않는다.

우스운 이야기로 들릴 수도 있겠지만
돌이켜 보면
혹시 나도 도력을 얻어
귀신도 만나보고 축지법이나
유체이탈 같은 신통력을 발휘할 수 있게
되는 건 아닐까 하는 생각에
이런 무서운 증상들을 참아가며
밤낮없이 책들을 읽어 나간 건 아닐까?
확실하진 않지만
그것도 한가지 이유였던 것 같다.

그리고
또 한가지 이유는
한번 겪었던 증상들이라
어느 정도 이겨낼 수 있다는
자신감이 있었기 때문이다.

불경이나 명상음악 등을
핸드폰에 다운받아
항상 이어폰을 가지고 다니며
틈나는 대로 귀에 꽂고 들었던 것도

이런 책들을 읽어나갈 수 있는
위안이 되었다.

나중에 안 사실이지만
그건 상기병(上氣病)이라는 증상으로
불가에선 이를 예방하기 위해
호흡법과 좌선을 중요시한단다.

무식하면 용감하다고
당시 혼자 공부를 한 나로서는
그것을 알 도리가 없었다.

어쨌든
지금은 더 이상
이 병들이 겁날 것들이 없는 존재란 걸
너무나 잘 알게 되었다.

그럼 그 병들의 이유가 도대체 뭐냐?
한마디로 말하라면
어렵다.
이 공부가 원래 그런 것이다.
가끔은 이상한 사람 취급도 받는다.

그러나
사람이란 다 각자 아는 만큼 보고
아는 만큼 행동하는 수밖에는 없어 보인다.
다만 이 책을 통해

당시 나와 같은 고통을 받고 있는 분들이
치유되길 간절히 바래본다.

그럼 우선
노자의 도덕경을 들여다보자.
여기에 "도는 웃음거리다."라는 말이 나온다.

"뛰어난 사람은 도에 대해 들으면
힘써 행하려 든다."
"어중간한 사람은 눈치를 보며 망설인다."
"못난 사람은 도에 대해 들으면 크게 웃고 만다."
라는 구절에서 나온 말이다.

그럼 당신은 과연 어떻게 할 것인가?

그냥 크게 웃고 말 것인가?
망설이고만 있을 것인가?

물론 선택은 자유다.
이 책은 크게 두 부분으로 나뉜다.

우선 앞부분은 과학과 철학적인 이야기들로
구성되어있다.
경(經)공부를 하면서 왜 과학과 철학인가
생각할지도 모른다.
하지만
경이란 생각보다 훨씬 과학적이고

인간 삶의 본질을 탐구하는 철학과도
맥을 같이한다.
그러니
경 공부를 하려면
조금은 과학적 상식도 필요하고
철학 또한 가볍게나마
들여다볼 필요가 있어 보인다.
일종에 생각 워밍업이다.

그리고 후반부에선
장자, 도덕경, 성경, 불경, 선문답
그리고 불가에서 전해오는 이야기 등을 다룬다.
하지만 그것들이 나뉘어 있지는 않다.

그 이유는
그것들을 나누려는 순간
이미 그것들의 의미가
사라져버리기 때문이다.
또 하나의
공황장애 원인이 되기도 한다.

경들이란 그저 어렵다는 생각을
가진 분들이 대부분이다.
뭐 어쩌면 당연한 일이다.
살면서 한 번도 제대로 가르쳐준 사람이
없었기 때문이다.

어쩌면 서점에 가서
한 번쯤은 관련 서적들을 읽어 본
분들도 계시겠지만
그런 책들을 구입하더라도
몇 장 읽다 그냥 책장에 꽂아두기가 일수다.

일단 한자가 많아 어렵고
또한 재미도 없기 때문이다.
그래서
이 책에는 어려운 한자를 최대한 배제하고
재미를 위해 우스갯 소리와
나의 인생 경험담 같은 것도
적당히 섞어 넣었다.

그래도
어렵다고 생각되는 부분은
일단 건너뛰어도 좋다.

바둑 격언에
모르면 손 빼라 라는 말이 있듯이
어차피 나중엔 다 해결될 부분이다.

자 ~
그럼
시작해 보자.

목차

생각 워밍업

운동을 시작할 때는
항상 워밍업을 먼저 한다.
몸을 다치지 않기 위함도 되고
본 시합에 대비해
충분히 몸을 풀어
최상의 컨디션을 만들기
위함이다.

하물며
책을 읽는
머리 쓰는 작업을 하면서
어찌 워밍업을
하지 않을 수 있으랴.

숨을 한번 크게 쉬고
잠시 눈을 감아
편안한 마음을 가져본다.
조용한 음악을 틀어두는 것도 좋다.

공간은 착각

"공간은 실존이 아니다."
"단지 개념일 뿐이다."

시력도 없는 박쥐가
동굴 속을 자유자재로 날아다닌다.
어찌 된 일일까?

맹인들에게도 공간이란 없다.
그저 닿으면 있고
닿지 않으면 없고의 개념뿐이다.

0과 1만으로
컴퓨터는 3D(3차원)도 만들어낸다.

그러니
공간이란 있다 없다는 개념을
조금 더 구체화 시킨
또 다른 하나의 개념일 뿐이다.
결국, 공간의 실존을 논하는 것 자체가
난센스(nonsense)요 착각이다.

고소공포증, 패소공포증도
결국은 전부 이 착각에서 오는 병들이다.

시간은 약속

시간은 존재하지 않는다.
시간은 그저 약속일 뿐이다.

세슘 원자가 9,192,631,770 진동하는데
걸리는 시간을 1초라고 하자고
정한 것뿐이다.

물리적 현상은
순간에 일어나고
순간에 소멸하고 만다.

그러니
과거도 미래도 사실은 존재하지 않는다.
오직 존재하는 건 지금 이 순간뿐이다.

Go for it!
Just do it!
이란 말이 있듯이

삶이란 그저 순간순간을 행할 뿐이다.

빛의 속성

빛이 파동인가 입자인가에 대해서
과학자들은
역사적으로 수 많은 논란을 이어왔다.

뉴튼(Newton)에 의해
입자 성질이 발견되면
입자라는 쪽이 우세하다가

토마스 영(Thomas Young)에 의해
파동의 성질이 발견되면
파동이란 쪽이 다시 우세하게 되고

프랑크(Planck)에 의해
다시 입자의 성질이 발견되면
입자라는 쪽이 우세하게 되는
형국이었던 것이다.

하지만
현대에 와서는
빛은 입자와 파동의 성질을
동시에 가진다고 본다.

그래도
나는 빛이 무엇인지
아직도 잘 모르겠다.

단지
이 과학적 근거를 가지고 말하자면
빛은 불가에서 말하는
색(色)과 공(空)의 중간 상태
혹은
색과 공을 넘나드는 존재

모든 생명의 근원

도마복음에 "아버지의 빛은 드러날 것이지만
아버지의 형상은 그 빛 속에 감추어져 있다."
란 구절에 있다.

그렇다면
빛은 조물주
아니면
인간에게 보여진 신의 모습

혹은
신이 인간계로 내려오는 계단
인간이 신의 세계로 올라갈 수 있는
에스컬레이터는 아닐까?

빛의 속도

빛의 속도는 광속이라 한다.

예로부터 이 광속을 측정하려는
노력은 계속되었다.

하지만
현대에 와서 레이저를 이용해
얻은 광속은
2.99792458×10^8 m/s다.

이 속도라면
빛은 1초에 지구를
약 일곱 바퀴 반을 돌 수 있고
달까지 가는데 약 1초
태양까지는 약 8분이 걸린다.

그러니 사실
우리가 지금 보는 달은
약 1초 전의 모습이고
태양은 약 8분 전의 모습이다.

진짜가 아니었다.

에너지 보존의 법칙

이 법칙은 뭐 그리 어려운 것도 아니다.

"고립된 물리 계에서 에너지 총량은
에너지가 그 모습들을 바꾸어도 항상 일정하다."
라는 말이다.

쉽게 말해보자.

만일 3명이 만원씩을 꺼내 놓고
고스톱을 치기 시작했다.
시간이 지나면 돈은 세 사람 사이를
왔다 갔다 할 것이다.
하지만
그 총액 3만 원은 변하지 않는다는 말이다.

물론 돈이 에너지라면 말이다.

그럼 이 이야기가 왜 중요할까?

그건 우주에선 어딜 가도
인과응보의 법칙이 성립한다는
말이기 때문이다.

내가 한 행동으로 인해
만들어진 에너지(業)는
절대 사라지지 않는다.
결국은 무슨 수를 써서라도
내게 돌아온다.

그러니
나란 것이 곧 나로 인해 만들어진
고립된 물리 계인 셈이다.

$E=mc^2$

이 공식은 물리를 모르는 사람이라도
언젠가 한 번쯤은 들어봤을 것이다.

질량과 에너지의 등가 관계를 말한다.
쉽게 말해
질량도 에너지라는 말이다.

아인슈타인이 이 이론을 들고 나오기 전까지는
정지한 물체는 에너지로 여겨지지 않았다.

어려운 이야기는 그만두자.

우리가 쓰고 있는 원자력 발전이
이 법칙을 말해주고 있다.
우라늄이나 플루토늄 같은 물질에
핵분열을 일으켜
막대한 에너지로 변환시키는 것이
바로 원자력 발전이다.

물론 핵 폭탄에도 이용된다.

그러면
이건 또 왜 중요할까?

불가에선 색즉시공 공즉시색이라 말한다.

물체가 공한 것이기도 하단 말이다.
공한 것이 물체라는 말도 된다.

그러니
물체가 사라지면
막대한 에너지 즉 공이 된다는 말이다.
이 공식이 그를 뒷받침 해준다.

그래서 또한
공(空)이란 무(無)의 개념과는
다르다는 것이 입증된다.

엔트로피 증가의 법칙

이건 또 뭔 어려운 소린가?
사실 알고 보면 이것이 더 쉬운 이야기다.

엔트로피란 무질서 도를 말한다.
그런데 우주에선
이 무질서 도가 계속 증가하지 줄어들지는 않는다는 말이다.

이도 쉽게 설명해보자.

만약 3명이 고스톱을 치기 위해
한 방에 앉았다고 치자.
처음엔 방이 잘 정돈 되어 있다.
하지만
시간이 지날수록 이로 저로 인해
점점 지저분해 진다.
다시 말해
무질서해졌다는 말도 된다.
담배들을 피우면서 하면 더 그렇다.

그러니
정리정돈이 잘 된 방으로 다시 되돌리려면
누군가가 청소라는 일을 해야 한다.

그럼 이 법칙은 왜 또 중요한가?

“세상엔 공짜가 절대 있을 수 없다.”
란 말이 되기 때문이다.

시간이 갈수록
우리가 늙어갈 수밖에 없는
이유이기도 하다.

우주의 고무줄 나이

우주의 나이는 올해로 얼마나 된 것일까?

현재까지
천문학자 앨런 샌디지(Allan Sandage)에
의해 밝혀진 바로는
올해 100억~200억 살이다.

하지만
이 나이가 나오기까지는 수많은 오류가 있었다.
처음엔 10억 살
다음으론 36억 살
그 다음으론 55억 살

그러니
이런 추세라면 차라리
우주의 나이는 계속 늘어나는 것이라고
하는 편이 낫겠다.

과학이란 바로 이런 것이다.

태양은 중년

별의 나이를 추정하는 것은
그야말로
하늘의 별 따기만큼이나 어렵다.

별의 성분을 스펙트럼 분석해
압력과 질량을 토대로 계산한단다.

어쨌건
이렇게 얻은 태양의 나이는
지구와 비슷한 50억 살
예상 수명은 약 100억 년

그리고 보면
태양은 이제 막 꺾이는 나이
인간으로 말하자면 약 40세에서 45세 수준
인생의 참맛을 알아갈 나이다.

지구의 탄생

약 50억 년 전의 일이다.
지구는 인력으로
밤낮없이 암석들을 끌어모은다.

그리고
백여 개의 행성들과 함께
태양의 주위를 맴돌았다.

그럼
그때 그 많던 행성들은 다 어디로 가고
지금은 몇 개 남지도 않은 걸까?

혹시 모두 M&A를 한 것은 아닐까?

지구라는 행성은 또 언제 사라질까?

달의 탄생

약 40억 년 전으로 거슬러 올라가 보자.
테이아란 행성이 지구를 향해 날아온다.

속력이 무려 15Km/sec
시속으로 하면 54,000Km/h

그러니
둘 다 녹초가 된다.
수조 톤의 파편이 우주로 날아간다.

하지만
불과 천 년 만에 이들이 다시 뭉쳐
폭이 약 3,000Km에 달하는 달을 만든다.

당시에 달은 지금의 400,000Km 보다
훨씬 가까운 22,000Km 거리에 있었단다.

그러니
지구에서 본 당시의 달은
얼마나 크고 밝았을까?
상상조차 가지 않는다.

지구 최초의 생명

지구가 생긴 이후
유성들이 비 오듯 쏟아졌다.

이 유성들이 녹으면서
미네랄을 배출하고 탄소를 운반했다.
덕분에 바다에는
단백질과 아미노산 등 각종 화합물로 가득했다.
이것이 약 38억 년 전 이야기다.

그 후
아미노산이 물거품 속에서 농축되면서
다른 유기물과 합성하여
'코아세르베이트' 라는 선택성을 지닌
덩어리를 만들어낸다.

이로부터 원리와 시기는
정확히 알 수 없지만
바다에서 단세포 박테리아가 탄생한다.

진화론적으로는
이분께서 우리의 조상님이시다.
반갑습니다.

공룡시대

공룡이 지구에 출현한 것은
중생대 초기인 약 2억 3천만 년 전
사라진 것은 약 6천5백만 년 전이다.

그러니
약 1억 6천만 년 동안이나
공룡은 지구에서 놀다 갔다.

지금까지 알려진 공룡의 종류만도 약 700여 종
거기에 매년 10종 정도가 더 발굴된다.

공룡의 이름에 많이 들어가는
사우르스란
도마뱀이란 뜻이다.

그러니
옛날에는 작게는 1~2m에서
크게는 20m까지의 거대한 도마뱀들이
하늘을 날고 바다를 누비고
땅에서 뛰어 놀았다.

겁난다.

작은놈이 우성

공룡이 멸종한 이유는 그 설들이 분분하다.

지금의 멕시코 동남쪽 유카탄반도에
지름 약 15Km의 소행성이 떨어져
화재와 먼지로 햇빛이 장기간 차단 돼
먹이사슬에 문제가 생겼다는 설

현재 인도 데칸고원에서
3만 년 동안이나 화산이 분출해
그때 분출된 이산화황이
지구의 기온을 2도나 떨어뜨렸으며

중생대 백악기에는
이산화탄소 농도가 높아져
지표면의 온도가 4도 가량 올라가면서
지구 온난화로 생태계가 파괴되었다는 설 등
뭔들 정확히 알 수 있으랴!

어쨌든
이런저런 이유들로
몸집이 큰 공룡들은 점차 사라지고
몸집이 작은 거북이나
악어 같은 놈들만 살아남게 된다.

그러니
작은놈이 우성이다.
나도 작은 편이다.

인류의 기원은 껌값

인류는 지구에 언제쯤 출현했을까?

약 1,000만 년 전에 인류의 특징을 갖춘
라마피테쿠스(Ramapithecus)가 살았는데
이들을 인류의 조상으로 보기엔
뭔지 2% 부족한 점이 있다.

그리고
약 300만 년~100만 년 전쯤
직립보행과 무리 생활을 한
오스트랄로피테쿠스(Australopithecus)의 화석이 있다.

그러고 나서
약 170만 년~30만 년 전쯤에
호모에렉투스(Homo erectus)가 살았다.

다음으론
약 20만년~3만5천년 전쯤에 살았던
호모사피엔스(Homo Sapiens)가 있는데
이들은 돌을 이용해 칼과 창을 만들어 사용한다.
독일의 네안데르탈에서 발견된 네안데르탈인과
같은 종으로 본다.

그리고 마지막으로
약 3만년 전쯤
프랑스 남부 크로마뇽 지방에 살던 크로마뇽인이
호모사피엔스 사피엔스(Homo Sapiens sapiens)
라고 불린다.
이들은 라스코동굴 벽화를 남길 정도로
예술적인 감각까지 지녔었단다.

자 그럼 과연 인류의 조상은 이들 중 누굴까?
확률적으로는 아무래도 근래에 살았던
크로마뇽인 쪽이 유력하다.

그렇다면
나의 조상도 처음엔 프랑스에 살았었단 말이다.
어쩐지 프랑스에 처음 갔을 때
그리 낯설지 않은 느낌이었다.

어쨌든
최초 인류의 기원은 길어봐야 3만 년이다.
지구 나이 50억 년에 비하면 그야말로 껌값이다.

50억 원에 3만 원이면
하루 치 이자도 안 나온다.

인간과 초파리

2001년 2월
인간의 유전자에 대한 비밀을 푼
연구 결과가 발표된다.
역사적인 순간이었다.

인간 세포 속에는 23쌍의 염색체가 들어있다.
이 염색체에는 다시
DNA 가닥이 실타래처럼 들어있는데,
이 DNA에 저장되어있는
32억 쌍의 염기서열을 하나하나
밝혀내는 일이 인간게놈 해독이다.

이것만 있으면
암이나 치매, 당뇨병 등
인간의 모든 난치병들을
치료할 수 있는 계기가 마련된다.
그러니
어찌 역사적인 의미가 크지 않겠는가?

하지만
이 연구 결과에 따라
인종의 차이는 유전자적 근거가 전혀 없으며
인간의 유전자 수도 종전에 예상했던

10만 개보다 훨씬 적은 24,000개~40,000개로,
초파리에 비해서도 2배 정도에
지나지 않는다는 것이 판명되었다.

결국 알고 보니,
인간이란 다 그 놈이 그 놈이었다.

게다가
초파리와도 별반 차이가 없는 존재였다.

공황장애 (panic disorder)는 가짜다

공황장애
세상이 복잡해지면서 생겨난 병 중 하나다.
그런데
공황장애란 사실 알고 보면 가짜다.

공황장애란
사람이 위기상황에 놓였을 때
몸에서 자연적으로 발생하는
일종의 응급반응이
시도 때도 가리지 않고
나타나는 것이다.

그럼 이런 증상이 왜 일어나는 걸까?

세상이 복잡해지면서
과도한 스트레스를 받은 뇌가
고장을 일으킨 결과다.

가상현실이란 말을 들어봤을 것이다.
가상현실의 공간을 만들어 놓고
사람을 그 속에 넣어 체험을 시키면
뇌가 그것을 실재처럼 받아들이고
실재와 똑같이 반응을 한다.

최근에 인기를 끌고 있는
3D 영화들이 이것을 이용하고 있다.

이 병도 그런 것들의 일종이다.
실제로는 없는 현실을
뇌가 착오를 일으켜
있는 것처럼 반응을 하는 것이다.

그러니
공황장애란 가상의 병이라고 해도
과언이 아니다.

가상 그것은 다시 말해
가짜라는 말이다.

공황장애 치유법

공황장애의 치유법에는
크게 두 가지가 있다.

약물치료와 정신치료다.

약물치료는 과도하게 반응하는
자율신경을 다스려 가상반응을
감소시켜주는 것이다.
효과가 빠르다.
하지만
쉬 더운 방이 쉬 식는다고
재발률이 매우 높다.

그래서
정신 치료를 병행해야 한다.
정신과를 찾아가는 것도 좋은 방법이다.
하지만
그것도 본질적인 치료법은 될 수 없다.
정신을 안정시키는데
도움을 줄 뿐이다.

호랑이를 잡으려면
호랑이 굴로 들어가야 한다.
스스로 정신이란 것의

본질을 알아내야 한다.

그럼 정신의 본질은 무엇인가?

그것을 한마디로 할 수 있다면
얼마나 좋을까?

역사적으로 유명했던
수많은 철학자들과 종교지도자들 또한
이것을 밝히기 위해
부단히 노력했다.

그러니
정신의 본질을 알려면
먼저 그들의 이야기를 들어보는 것이
좋겠다.

문답법

"너 자신을 알라."
라는 말로 유명한 사람이 바로 소크라테스(Socrates)다.

소크라테스의 교육 방법은
문답법이란 것이다.

그는 그저 계속해서 질문만을 던질 뿐이었다.
그런데도
그 질문을 받아 들은 사람들은
혼자서 뭔가를 알아낸다.

참으로 이해할 수 없는 일이다.
가르쳐주지도 않았는데
어떻게 알았을까?
안다는 것에는 커다란 비밀이
숨겨져 있다는 뜻이다.

쉽게 말해
이미 알고 있었다는 말이다.
알고 있지 않았다면
어떻게 알았다고 자신이 증명할 수 있었겠는가
하는 말이다.

망아지는 태어나자마자
일어서고 달리고
어미의 젖도 찾아 문다.
누가 가르쳐주지도 않았는데……

정의의 사도

세상엔 정의란 말이 난무하다.

오죽하면
사제들까지도 정의를 내세우고
정치인들은 모두 마치 자신이
정의의 사도라도 되는 양
말들을 한다.
물론 이해가 가지 않는 건 아니다.

그럼 소크라테스의 문답법을 통해
정의란 무엇인가 한번 알아보자.

"정의란 무엇인가?"
"약자와 다수의 이익에 앞장서는 겁니다."
"약자와 다수는 잘못을 하지 않는가?"
"합니다."
"그럼 잘못을 위해 앞장서는 것도 정의인가?"

더 이상의 대화는 필요해 보이지 않는다.

이처럼
정의(正意)란 정의(定義)할 수 없는 말이다.
그저 상대적인 개념이다.

보편적 진리

"인간은 만물의 척도다."라는 말이 있다.

이 말에 따르면
모든 판단의 기준은 각 개인에게 있으니
진리 또한 상대적인 것이 되고
선과 악의 판단도
개인에 따라 달라지게 된다.

그러므로
세상엔 보편적 진리가 존재하지 못한다.

그래서
세상이 항상 시끄러운지도 모른다.

하지만
여기서 말하는 '인간이란 판단 기준'은
부와 명예 등에 쏠려있다.

이것 자체가 상대적 가치란 말이다.

그럼 소크라테스는 어떻게 생각했을까?

소크라테스는
이러한 소피스트(Sophist)들의 생각에 대해
보편적 진리가 있다고 말한 사람이다.

그는 '인간의 판단 기준'을
상대적인 부와 명예보다는
선하게 사는 정신적 가치에 두었다.

사람들이 악행을 행하는 이유는
무엇이 옳고 그른지를
모르기 때문이라고 말했다.

그러면
이런 정신적 가치는 어떻게 얻어지는 것일까?
머리가 아닌 마음에 대고 물어보라.

직립보행과 이성

"나는 생각한다. 고로 존재한다."
프랑스의 철학자 데카르트(Descartes)의 말이다.

그는 인간 존재의 의미를 생각할 수 있다는 것에 두었다.

그럼 인간은 언제부터 생각을 하게 된 걸까?

인간을 생물학적 견지에서 볼 때
가장 큰 특성은 직립보행이다.

인간은 직립보행을 함으로써 손을 쓸 수 있게 되었고
불과 도구를 다루게 되었으며
이런 행동들은 깊은 사고(思考)를 만들어 낸다.

결국 이런 사고가 사회를 만들고
그 사회 속에서 이성을 만들어 낸 것이다.

그러니
사람은 이성을 잃으면 동물이 된다.

본능과 이성의 관계

사람들은 항상
본능과 이성 사이에서 갈등을 한다.

이성을 버리자니
인간성 없다는 소리를 들어야 하고
본능을 버리자니
자연법칙에 위배되는 짓을 하게 된다.

하지만
이성이란 그리스어로는 로고스(logos),
라틴어로는 라찌오(ratio)에서 유래한 말이다.
여기에는
비례, 균형이란 의미가 내포되어있다.

그러고 보면
이성과 본능은 본래
원수 지간이 아니라
조화와 균형을 이룰 수 있는
라이벌이자 친구 지간이었던 셈이다.

동물탐험 신비의 세계

"본능에 대하여 의무와 당위가 결합된 것이 이성이다."
독일의 철학자 칸트(Kant)의 말이다.

그러니 본능만을 내세우면 결국 또 동물이 된다.
이 말은 자유에게도 해당이 된다.

본능과 자유는 그것들만 따로 떼어 놓고 볼 문제가 아니란
말이다.

인터넷의 발달로
SNS(Social Networking Service)의 많은 이용자들이
표현의 자유를 내세우지만
과학이 아무리 발달한들
인간의 근본을 흔들 수는 없어 보인다.

왜냐하면
과학이란 결국 인간이 인간을 위해
발전시켜 놓은 것이기 때문이다.

그러니
표현의 자유 또한
의무와 당위를 잃어서는
세상이 동물 탐험 신비의 세계가 되고 만다.

BALANCE

그러고 보면
이성을 잃는다는 말은 본능과 의무 사이에서
생각의 밸런스(Balance)를 잃었다는
의미로 보인다.

그만큼 밸런스가 중요했던 것이다.

그러면
밸런스를 동양 철학으로 옮기면 무슨 말이 될까?

사서삼경에 중용(中庸)이나
석가모니의 중도(中道) 사상은 아닐까?

밸런스를 잡으려면
결국 무게의 중심에 있어야 하기 때문이다.

차라투스트라의 침묵

독일의 철학자 니체(Nietzsche)는
'차라투스트라는 이렇게 말했다'에서
어떻게 정신이 낙타가 되고
다시 사자가 되며
마침내 아기가 되는지를 다룬다.

낙타는 그저 인내할 뿐이다.
하지만
그에게 정신적 변화가 오면 의지가 생긴다.
이제 화를 낼 수 있는 사자가 된 것이다.
그러면
이번엔 어찌
사자가 다시 아기가 된다는 말인가?

아기들을 살펴보자.
아기들이 울 때는 그 이유가 아주 간단하다.

졸리거나
배고프거나
대소변을 치워주지 않았을 때 밖에는 없다.
이처럼 아기들에겐 다른 욕망이란 없어 보인다.

그리스의 철학자 디오게네스(Diogenes)의 말이다.
"아무것도 부족함이 없는 것이 신의 특성이라면
욕망이 제일 적은 사람이 제일 신을 닮았다."

그러니
이제 사자는 아기가 되어야
천국으로 들어갈 수 있다.

차라투스트라도 침묵하라.
잠자는 아기가 깨면 시끄러워진다.

생각과의 한판 승부

워밍업은 끝났다.

모든 운동시합에서
가장 중요하게 여겨지는 것이 있다.
바로 자신감이다.

생각이란 놈은
알고 보면
그리 센 놈이 못 된다.

자신감을 가지고
임하다 보면
공황장애란 사기꾼도
물러서게 마련이다.

이제 나와 생각의 한판 승부를
벌여보자.

존재와 관계

너는 어디에서 왔을까?
나는 어디에서 왔을까?

내가 생기니 네가 생긴다.
네가 생기니 내가 생긴다.

상대가 없는데
누가 나를 불러 줄 것인가?

그러니
모든 존재(存在)는
관계(關係) 속에서 생겨난다.

그래서
관계를 해야 아기도 나오나 보다.

잡초는 모른다

똥개는 왜 똥개인가?
똥개라고 부르니 똥개다.

그럼 잡초는 왜 잡초인가?
잡초라고 부르니 잡초다.

하지만
똥개는 자신이 똥개란 걸
모르고 산다.

잡초도 자신이 꽃이 아니란 걸
모르고 산다.

오줌

비는 무엇이고

눈은 무엇인가?

물이다.

얼음은 무엇이고

수증기는 무엇인가?

H_2O다.

그건 또 무엇인가?

오줌이다.

이름에 현혹당하지 말자는 이야기다.

통행료

문은 무엇인가?
드나드니 문이다.

길은 무엇인가?
다니니 생겼다.

터널은 무엇인가?
뚫어 놓으니 터널이다.

하지만 터널 공간이 새로 생긴 것일까?
본래 있던 공간이 아니던가!

그럼 통행료는 왜 받을까?
뚫은 값은 줘야지 않겠는가!

컴퓨터의 뒷면

위가 없으니 아래가 없다.
안이 없으니 밖이 없다.

앞이 없으니 뒤가 없다.
시작이 없으니 끝도 없다.

동전을 아무리 얇게 만든다 해도
한 면만 만들 수 없는 이치인가 보다.

컴퓨터에는 A4 용지가 한 면만 존재한다.
하지만
생각해 보니
컴퓨터에도 뒷면은 있었다.

제 짝이 있다

세상 모든 것엔 짝이 존재한다.
유(有)의 짝은 무(無)다.
무의 짝은 유다.

그러니
말로만 가르쳐도 안 되고,
행동으로만 가르쳐도 되지 않는다.

진흙으로 그릇을 만들 때도
가운데는 비워둬야 하는 이치를 본다.

목욕탕도 그렇다.
남탕, 여탕 모두 그렇게 생겼다.

그런데
남자는 왜 여탕에 못 들어갈까?
아무 짝이나 이루면 안 되니까
그런 것 같다.

먼저 주라

일어나려거든 먼저 앉아라.

자려거든 먼저 깨어라.

붙들려거든 먼저 놓아라.

그러니
가지려거든 먼저 주란다.

아이들도 돈 놀이를 할 때는
먼저 돈을 나누어 준다.

돈 놀이가 끝나야
다들 집으로 돌아간다.

빈 소주잔

그릇은 차 있으면 쓸모가 없다.
배가 부르면 산에 진미도 다 소용 없다.

그러니
“비움은 얻는 것이요, 채움은 결국 잃는 것이다.”
란 말이 실감 난다.

내 소주잔이 어느새 비어있다.
누군가 알아채고
어서 따라 주었으면 좋겠다.

불면증 치료

잠이 오지 않는다.
"자지 않으면 되지."
낼 일찍 일어나 할 일이 많다.
"그럼 자야지."
다시 잠이 오지 않는다.

도대체 자지 못하는 그 사람은 누굴까?
그를 먼저 찾아야겠다.
그래야 재우기라도 할 것 아닌가?
그러니
그를 찾기 전엔 잠잘 생각은
꿈도 꾸지 못하겠다.

쿨~
쿨~
쿨~

정중동(靜中動)

고요함 속에서는 고요함을 찾을 수 없다.
진정한 고요함은 움직임 속에 있었다.
정확한 움직임을 보려거든
진정 고요해야 하기 때문이다.

고양이가 쥐를 잡을 때는
마음과 눈이 움직이지 않는다.

하지만
쥐도 움직이지 못한다.

고요함 속에도 움직임이 있었다.

싸워야 산다

정치인들은 왜들 그리 싸우는가?
서로 너무 사랑하기 때문이다.

사랑하는데 왜 싸우는가?
같이 먹고 살아야 하기 때문이다.

여당이 있어야 야당이 있고,
야당이 있어야 여당이 있다.

그러니 서로 싸우지 않으면
존재감이 없어진다.

국민들을 둘로 갈라놓아야
함께 먹고 살 수 있는
기틀이 마련되는 셈인지도 모른다.

무슨 맛으로

있는 사람은
술 한잔 같이 할 수 있어 좋다.
떠난 사람은
그리워 좋다.

세상을 살며
그리운 사람 하나 없다면
무슨 맛으로
술은 한잔하겠는가?

혼자로 돌아가다

이별을 하고 나니
외로움에 마음이 아파온다.

만나지 않았다면
외롭지도 아프지도 않았을 텐데
후회가 든다.
“이제 혼자가 되었다.”
는 생각 때문이다.

그렇다면
만나기 이전에는 어떠했는가?
이별도 아픔도 없었다.
왜 그랬을까?
혼자였으니까!

그런데
이별한 후에도 혼자가 아닌가?

내 탓이요

아픔은 어디서 오는가?
바램에서 온다고 한다.

그럼, 그 바램은 누구의 것인가?
내 것이었다.

그러니
아픔 또한

내 탓이요!
내 탓이요!
내 큰 탓이로소이다!

나였다

이런 글을 어디서 본 듯하다.

"나쁜 일을 할 때는 남이 보는 것이 두렵다.
악 속에도 선은 있었다."
"착한 일을 할 때는 남이 좀 봐줬으면 한다.
선 속에도 악이 있었다."

그럼 선과 악은 무엇으로 구분을 할까?
그래서
다시 읽어보니 알겠다.

나였다.

악이 없다면

세상에 악이 없다면 어떻게 될까?
참 좋은 세상이 될 것 같다.

그런데
문제도 있어 보인다.
신부님, 목사님은 다 무엇을 해야 할까?
아무래도
새로운 직업을 찾아야 할 것 같다.

그럼 스님은 어떻게 해야 할까?
머리라도 길러야 할까?

더 줄걸

거지에게 적선을 했다.

혹시 그 돈으로 칼을 사서
강도 짓을 하는 건 아닐까?
괜히 주었다는 생각이 들었다.
하지만
내가 주지 않았더라도
분명 누군가는 주었을 것이다.
아니
어차피 그건 그의 잘못이 아닌가?
책임 회피일까?

그리고
다시 생각했다.

"내가 돈을 더 줄걸 그랬다."

그러니 그렇지

천국과 지옥의 존재는 막상 물어오면
답하기가 쉽지 않다.

하지만 이런 우스갯소리 같은
법문이 있어 늘 명쾌하다.

“천국과 지옥이 있습니까?”
“그야 이를 말인가!”

“아까 큰 스님께 물었더니 없다 시던데요?”
“그래?”

“그 분은 처자가 있는가?”
“스님이 무슨 처자가 있겠습니까!”

“그러니 그렇게 말씀하셨지!”

너희 안에

바리새인들이 예수께
“천국은 언제 임하는 것입니까?” 물었다.

“하느님의 나라는 보일 수 있게 임하는 것이 아니오.”
“또 여기 있다 저기 있다고도 못하고
하느님 나라는 너희 안에 있느니라.”
예수께서 답하셨다.

성경에는 되도록 많은 토를 달지 않겠다.

그저 고린도전서에 나온
성경 구절 하나를 더 들어보자.

“너희가 하느님의 성전인 것과
하느님의 성령이 너희 안에 거하는 것을
알지 못하느냐?”

가난한 마음

마태복음에 다음과 같은 구절이 있다.

“마음이 가난한 자는 복이 있나니
천국이 저희 것이다.”

난 어려서
천국에 가고 싶어
교회에 나갔지만
이 말이 무슨 뜻인지
도무지 알 수 없었다.

하지만
지금은 이렇게 생각한다.

‘욕심 없는 마음’이라고.

폭리를 취하신 스님

선(禪) 학교에서 가르치는 계산법은
우리가 일반적으로 쓰는 계산법과는 차이가 많다.

그 차이를 쉽게 설명해주는 일화가 있어 소개한다.

우리나라에 혜월스님이란 분이
부산 선암사에 계실 때 많은 전답을
개간하셨단다.

그런데 하루는 마을 사람이 팔기를 청해서
논 세 마지기를 두 마지기 값만 받고 파셨단다.

이 소식을 들은 많은 스님들이
밑지고 팔았다고 난리가 났단다.
그때 스님은 다음과 같이 말씀했다.

"자네들은 참 이상한 계산법을 가지고 있네!"
"논 두 마지기 값을 받고도
세 마지기는 그대로 있으니
이 얼마나 남는 장사를 한 것인가!"

듣고 보니 스님께서 너무 폭리를 취하신 것 같다.

한 물건

갈대는 유연함으로 바람을 이긴다.
하지만 뻣뻣한 나무는 부러지고 만다.

그러니
강한 것은 아래 놓이고
부드러운 것은 위에 놓인다.

인간도 살아 있으면 부드럽다가도
죽으면 뻣뻣해진다.

하지만
남자의 몸 일부에 있는
한 물건만은 그와 반대다.

큰 것

옛 성인 말씀에
작은 것이 큰 것이요
큰 것이 작은 것이란다.

그래서
큰 사람은 큰일에 담대하고
많음에 집착하지 않는단다.

그래도
난 아직 사우나에 가면
큰 것이 부럽다.
역시 난 작은 사람이었다.
그리고 보면
성인들도 그랬던 것 같다.

훌륭한 밥

훌륭한 무사는 무용을 숨긴다.
훌륭한 전사는 화를 내지 않는다.
그리고
가장 훌륭한 전략은 싸우지 않고 이기는 것이다.
이것이 하늘과 세상의 원리다.

그렇다면
먹지 않고도 배부를 수는 없는 것일까?

생각해보니
무사와 전략도 없이
싸움에서 이기려 드는 듯하다.

안 되겠다.
밥이나 먹으러 가야겠다.

내가 사라진다

그림자는 내 몸에 의해 생겨난다.
아무리 빨리 달려봐도 떨어질 기색이 없다.

그럼 어떻게 할 것인가?
방법은 간단하다.
그늘로 들어가면 그만이다.

그러니
문제를 해결하려거든 사물을 보지 말고
그것의 본질을 봐야 한다.

그렇다면
나의 본질은 과연 무엇일까?
생각이다.

"생각을 멈추면 내가 사라진다."

하늘을 바라보며

하늘을 바라보면 이런저런 생각이 든다.
우주란 과연 얼마나 넓을까?
다른 별에도 인간과 같은 생명체가 존재할까?
신은 과연 존재하는 것일까?

그러다가
다시 이런 생각을 한다.

"내일 날씨 괜찮겠다."
"골프치기로 했는데……"

힘들어 죽겠다

밑에서는 아파 죽겠다고 난리를 치는데
위에서는 재미있어 죽겠다고
또 난리를 친다.

이 무슨 소식인가?
낚시다.

세상은 늘 그렇듯 상대적이다.
웃자고 한 말에
죽자고 달려드는 놈도 있다.

그러니
농담도 사람 봐가며 해야겠다.
사는 게 힘들어 죽겠다.

앎과 모름

안다는 것은 무엇일까?
내가 아는 것이 진짜 옳다고
장담할 수 있을까?

그럼 모른다는 것은 또 무엇일까?
내가 모르는 것에 꼭 정답이 있다고
장담할 수 있을까?

그러니
안다 모른다 하지 말자.

모르는 것이 약이 되고
아는 것이 병도 된다.

제 머리 깎기

돼지 눈엔 돼지만 보이고
부처 눈엔 부처만 보인단다.
그래서
부처님께서 모두가 부처라고 하셨나 보다.

그런데
내 눈엔 내가 잘 보이지 않는다.
오히려 남이 더 잘 보인다.

왜 그럴까?
눈이 항상 바깥만을 향하고 있었기 때문이었다.

“중이 제 머리 못 깎는다.”
란 속담이 생각났다.

보이는 것만 본다

아이들은 만화 영화를 무척이나 좋아한다.
심지어 같은 것을 틀어줘도
20번이고 30번이고
재미있게 본다.

어떻게 그럴 수 있을까?
어른들은 아무리 재미있는
영화라도 서너 번 보고 나면
실증 내기가 일수인데 말이다.

나는 직업상 한 영화를
여러 번 반복해서 보는 경우가 있다.
내게 가장 많이 본 영화 중에
폴 뉴먼과 로버트 레드포드 주연의
스팅(Sting)이란 영화가 있다.
한 50번쯤 봤다.

그런데 이상한 것이 있다.
볼 때마다
못 본 장면이 튀어나온다.
그렇게 많이 봤는데도 말이다.
어찌 된 영문일까?

사람들은 누구나 사물을 볼 때
자신이 보고 싶은 것만
선택적으로 본단다.

그러니 아무리 두 시간이 넘는
영화에 어마어마한 Shot들이
들어있다손 치더라도
보지 못하는 것들이
많다는 이야기다.

결국, 각자 나름대로
자신의 수준에 맞추어
보이는 것만 보는 것이다.

그러니 같이 영화를 보고 나서도
서로 해석들이 분분하다.

하지만
아이들은 다르다.
장면 장면마다 항상 새롭고 신기하다.

그것을 알고 있는 것이다.

아는 만큼 본다

또 이런 경우도 있었다.

한번은 오랜만에
험프리 보가트와 잉그리드 버그만 주연에
카사블랑카를 다시 보고 싶었다.

대학생 시절에 보고
한 30년 만에 다시 보는 것이었을까?

어쨌든
중요한 건
내가 기억하고 있던
카사블랑카가 아니었다는 것이다.

전혀 새로운 구성에 영화였다.
대사 하나하나가
예전엔 생각하지도 못했던
깊은 철학적 의미마저 담고 있었다.

그러고 보면
세대 간의 갈등도
충분히 이해가 된다.

똑 같은 상황을 놓고도
서로 다른 것을 보고 있는 것이다.

만일 내가
한 20년쯤 후에
이 영화를 다시 본다 해도
또 다른 영화로 보일 것이 분명하다.

그만큼
지금 내 본 것이 가장 옳다는 생각은
위험천만한 일이다.

약과 병

약(藥)은 병(病)에게로 들어간다.
병이 약을 받아들이면 병이 낫는다.

결국, 약과 병이 하나가 된 것이다.

그래서
세상 모든 것들은 약도 되고 병도 된다.

그런데
굳이 나를 나라고 부를 이유는
무엇일까?

그냥 약이나 병이라고 불러도 될 것을……

인식

"인식한다."
"무엇을? 누가?"

이처럼 인식이란 주관과 객관으로 나누어진다.
다시 말해
주체와 대상의 구분이 있는 것이다.

하지만
인지가 끝나면 어떨까?
주체와 대상이 하나가 되어버린다.
더 이상 인식할 것도
인식하려는 것도 없다.

생각이 끊어진 것이다.
몰아일체
외물과 자아
객관과 주관
물질과 정신이 하나가 된 것이다.

무아(無我)지경이다.

타임머신

열두 시가 막 지나간다.
내일이 오늘이 된다.
오늘은 어제가 되었다.

그러니
어제는 지나간 오늘이고
내일은 다가올 오늘이다.

알고 보니
결국 존재하는 건 오늘밖에 없었다.

싱겁다.

이래서야 어디
타임머신을 만들 수 있을까?

축지법

축지법이란 것이 있다.
먼 거리를 짧은 시간에 갈 수 있는 방법이다.

그럼 어느 정도나 돼야
축지법을 쓴다는 말을
들을 수 있는 것일까?

세계적인 단거리 육상선수 우사인 볼트는
100m를 9초 58만에 갈 수 있단다.

보통 사람 스피드에
두 배는 가까운 대단한 축지법이다.

하지만
나는 호주 시드니공항에서 인천공항까지를
눈 깜박할 사이에 온 적도 있다.

내용은 이렇다.

한번은 너무 빡빡한 일정으로
호주 시드니에서 C.F 촬영을 마치고
필름 현상에 색 보정작업까지 하느라
서울에 오기 전 이틀 밤을 꼬박 샜다.

피곤에 지칠 대로 지친 나는
시드니공항에서 인천행 비행기를 타고
안전벨트를 막 맸는데
쿵~ 하는 비행기착륙 소리와 함께

"저희 비행기는 지금 막 인천국제공항에 도착했습니다."
라는 아나운스먼트를 듣게 된다.

얼마나 황당한 순간이었던지
지금도 그때 느낌을 잊을 수 없다.

나는 비행기로 10시간이나
되는 거리를 한순간에 이동하는
축지법을 쓴 셈이다.

이처럼 시간과 공간이란
절대적이라기보다는
사람 각자의 심리나 건강 상태에 따라
상대적인 것으로 보인다.

군대를 다녀온 분들이라면
더욱 공감이 갈 것 같다.

걱정도 팔자

어제 한 일을 오늘 후회한다.
왜 그럴까?
이미 지나갔고
돌이킬 수조차 없는 일인데 말이다.

그러고 보니
더한 것도 있었다.
내일 일을 걱정하는 것이다.
아직 일어나지도 않은 일을 미리 당겨서
걱정하는 셈이다.

그래서
이런 말을 하나보다.

걱정도 팔자다.

쓰기 나름

노자의 말이다.

사람의 마음이란
억누르면 가라앉고
치켜 올리면 올라오는데
오르락내리락 하는 사이에
우쭐해지기도 하고 성이 나기도 한다.
그것의 부드러움이란
억세고 강한 것을 유하게 만들 기도 하고
모가 나고 날카로울 때는
모난 것을 깎고 다듬는다.
뜨겁게 달아오르면
불길같이 타오르나
차갑게 식으면
꽁꽁 언 어름과도 같게 된다.
그 빠르기란 순식간에
이 세상을 두 번이나 갔다 올 정도이다.
가만히 있을 때에는
깊은 연못처럼 고요하지만
움직이기 시작하면
하늘로 오를 듯하고
미친 듯이 치 달려서 붙잡아 매둘 수 없다.
이것이 바로 사람의 마음인 것이다.

아이고 복잡하다.
“마음이란 그저 쓰기 나름이다.”
라고 하면 될 것을……

걱정한다고

성경 구절이다.
"너희 가운데 누가 걱정한다고
목숨을 한 시간인들 더 늘일 수 있느냐?"

"그러므로
무엇을 먹을까?
무엇을 마실까?
무엇을 입을까 하고 걱정하지 마라."
"내일 일은 걱정하지 마라."
"내일 일은 내일에 맡겨라."
"하루의 괴로움은
그 날에 겪는 것만으로 족하다."

그러고 보니
날마다 좋은 날이었다.

생신 축하

날마다 좋은 날이라니
성철 큰 스님 법문 하나 소개하자.

“교도소에서 살아가는 거룩한 부처님들
오늘은 당신네의 생신이니 축하합니다.”

“술집에서 웃음 파는 엄숙한 부처님들
오늘은 당신네의 생신이니 축하합니다.”

누가 누구를 욕할 수 있으랴?

성경 구절 하나가 떠오른다.

“너희 중에 죄 없는 자가 먼저 돌로 치라!”
중략
“오직 예수와 그 여자만 남았더라.”

평가와 심판

사람들이 제일 힘들어하는 것 중 하나가
남들로부터 좋지 않은 평가를 받았을 때다.

특히 요즘처럼 인터넷이 발달한 상황에선
더 그렇다.

심지어
악 풀을 읽고 마음이 상해
자살까지도 서슴지 않는다.

그럴 때마다
내가 열어보는 성경 구절이 있다.

"너희가 남을 심판하는 그 심판으로
하느님께서 너희를 심판하실 것이다."

위선자야

우리 속담에
"똥 묻은 개가 겨 묻은 개 나무란다."
라는 말이 있다.

그런데
성경에는 이런 구절이 있다.

네 눈 속에 들보는 보지 못하면서
어떻게 형제에게
"네 눈 속에 티를 빼내 주겠다."
말할 수 있느냐?
이 위선자야.
먼저 네 눈 속에 들보를 빼어내라.

TRANSGENDER

남자의 몸을 가지고
여자란 생각을 하는 사람들이 있다.

여자의 몸을 가지고
남자란 생각을 하는 사람들도 있다.

그러고 보니
결국 그들은 착각을 하고 있는 것뿐이다.

그래도
어떻게 그럴 수 있을까?
다시 한번 생각해 보았다.

그러다가
별것 아니란 걸 알게 되었다.

혼이란 것 자체가
성별이 있을 수 없다는 것이다.

그러고 보니
이상할 것도 없었다.

동성애

같은 성을 가지고도
서로 사랑하는 분들이 계시다.
동성애자 이야기다.

어떻게 그럴 수 있을까?
또 궁금했다.

그러다가
재미있는 사실을 발견했다.
동물 중엔 두 가지 성(性)을
한 몸에 지니고 있는
놈들도 있었다.

심지어 이런 놈들도 있었다.
성을 필요에 따라 바꾸는 놈들이다.

그리고 보니
동성애는 별것도 아니었군.
난 그래도 이성이 좋다.

깨달은 법

깨달은 법을 줄 테니
갖지도 말고 버리지도 말란다.
그러면 어찌해야 할까?

그냥 두라는 말이다.

과거의 마음도
현재의 마음도
미래의 마음도 가질 수 없다는데
그럼 또 어디다 두라는 말인가?

내려놓으라는 말이다.

경계 없는 마음

전등록에 있는 글이다.

“허공이 안팎이 없듯 마음의 법도 그러하다.”
그러니
“허공의 이치를 밝게 깨달으면
마음의 참된 이치를 바로 안 것이다.”

능엄경에 석가모니 부처님께서 이렇게 설명하신다.

“네 마음이란 네 몸 속에 있다 말할 수도 없고
네 몸 밖에 있다고 말할 수도 없다.”

곰곰이 한번 생각해보자.

마음이란 밖에 것을 보고
안에 것이 움직인 것이다.

그러니
밖이 없는 마음도 없고
안만 있는 마음도 있을 수 없다.

이처럼 마음이란 허공과도 같다.
경계가 없는 것이다.

도마복음서의 한 구절이다.

예수께서 말씀하시길
만약 너희를 인도하는 자들이 말하길
“보라 아버지의 나라가 하늘에 있노라.”고 한다면
공중에 새들이 너희를 앞설 것이요
“아버지의 나라가 바다에 있노라.”고 한다면
물고기들이 너희를 앞설 것이라.
차라리 그 나라는 너희 안에 있으며
또 너희 바깥에 있느니라.

뿐이다

숭산 스님의 법문이다.

"시계는 땡~ 하고 친 일이 없다."
"치게 한 것도 사람이요
들은 것도 사람이요
쳤단 생각을 한 것도 사람이다."

그럼 과연 땡~ 이란 소리는 무엇인가?

땡~
땡~
땡~

뿐이다.

작용만 있고
반작용은 없다.

가인박명

너무 어려웠다면
소동파군의 시나 한 수 읽으며
잠시 쉬어가자.

가인박명

두 뺨은 우유 빛, 머리칼은
옻칠한 듯 새까맣구나.
드려진 발 사이로 비치는 여인의 눈빛
구슬처럼 또렷하다.
원래 선녀의 옷은 하얀 비단으로 짓고
붉은 연지는 타고난 바탕을 더럽힌다고
바르지 않네.
오 나라의 애교 있는 말씨는
앳되기만 한데
무한한 인생살이 근심은 다 알 수가 없네.
예부터 아름다운 여인 운명
기박함이 심하다지만
문을 닫고 봄이 다하면 버들 꽃도 지고 말겠지.

이런 시에 사족은 달아 무엇하리!

꿈과 현실

꿈속에도 하늘과 땅
만남과 이별 그리고 성공과 실패도 있다.
아니
현실에 있는 것은 모두 다 있다.

그런데 꿈을 따로 꿈이라고 하는
이유는 무얼까?

그러다가
이런 생각을 하게 되었다.
지금 내가 꿈을 꾸고 있는 건 아닐까?

내가 미쳤나?
세상이 미쳤나?
아니면
둘 다 미쳤나?

꿈인 게로군!

피장파장

꿈속에선 멋진 상대에
돈도 먹을 것도 많았는데
꿈을 깨고 나니 참으로 아쉽다.

하지만
이런 때도 있다.
꿈속에선 힘들고 괴롭고 무서웠는데
꿈을 깨고 나니 다행이다.

이제 너무 늦었다.
그만 자야겠다.

좋은 꿈이나 꿨으면 좋겠다.

로또 1등~!

깨지 말자!

2년 반짜리 꿈

사랑은 꿈이라고 한다.
오래 꾸는 사람은 2년 반까지도 꾼단다.

그럼 사랑은 어떤 꿈인가?
그건 너무나도 완벽한 꿈이다.

보통 사람도
이 꿈을 꾸는 사람이 보면
모든 면이 완벽해 보인다.

그것참 신기한 꿈이다.
깨지 말았으면 더 좋겠다.

미운 오리 새끼

미운 오리 새끼라는 동화가 있다.
미운 오리 새끼가 본래는
백조였다는 내용이다.

그런데
제목은 왜 미운 오리 새끼일까?

그건 아마도 꿈 때문이 아닐까?

백조가 꾼 꿈 말이다.
백조가 꾼 오리의 꿈 말이다.

논쟁의 승리

논쟁이란 참으로 쓸모가 없다.
누가 옳은 지를 결국은 알 수 없기 때문이다.

책을 들이대고
사람을 불러온다.

하지만
그 책이 또 그 사람이
꼭 옳다는 법도 없다.

그런데도
목숨을 걸고 싸운다.
과연 무얼 위해 그러는 걸까?

승리?

하지만
승리를 한다 해도
승리한 사람이 꼭 옳다는 보장 또한 없다.

몸이 아니다

교통사고를 내면 사람을 가둔다.
교통사고는 차가 냈는데 말이다.
왜 차를 안 가두고 사람을 가두는 걸까?

사람들은 항상 차려 입기를 좋아한다.
몸치장을 하는 것을 좋아한다는 말이다.
요새는 성형 수술도 인기 폭발이다.

왜 그럴까?

몸은 그저 운전을 당하고 있는
차와 같은 것이고
죽으면 천국이나 지옥으로 간다는 것도
결국 몸은 아닐 텐데 말이다.

유체이탈

유체이탈이라고 하면
참으로 놀라운 현상이나
대단한 능력으로 생각하시는
분들이 많으리라 여겨진다.

하지만
내가 생각하는 유체이탈이란
뭐 그리 대단한 것도 아니다.

왜냐하면
우리 주변에서 흔히 볼 수 있는
현상이기 때문이다.

예를 들어 러분의 언니, 누나
혹은 아내나 어머니께서도
자주 이 유체이탈을 하곤 하신다.

여자분들은 유난히도
드라마를 즐겨보신다.
이분들이 드라마를 보고 계시는
동안이 바로 유체이탈을
하시는 시간이다.

시청률이 높은
인기 만점의 드라마를
보고 있는 동안에는
미동도 하지 않는다.
더군다나
중요한 장면이 나올 때는
숨소리조차 듣기 어렵다.

몸은 텔레비전 밖에 있으되
정신은 드라마 속 상황에 들어가 있다.
그러니
몸과 마음이 분리되어 있는 상태다.
유체이탈 상태다.

그리고 잠시 후
"이런 나쁜 놈~!" 혹은 "이런 나쁜 년~!"
이란 말들과 함께 유체이탈을 끝낸다.

수행과 정진

수행은 왜 하는 걸까?
생각을 지우기 위함이란다.

그럼 수행과 정진으로
진짜 생각을 전부 지울 수 있을까?

작대기로 달을 치는 격이다.
효도르에게 싸움을 거는 격이다.

수행과 정진은 생각을 몽땅 흡수해버리는
생리대가 아니다.

생각으로부터 자유로워지려는
노력일 뿐이다.

용 쓴다

행복이란 참으로 어마어마한 말이다.
모두가 이 행복을 위해 살고 있으니 말이다.

하지만
행복을 논하기란 쉽지 않다.

막상 설명해 보라면
우물쭈물 거리기가 일수다.
그렇다고
맘 속을 열어 보일 수도 없다.

이렇듯
행복이란 항상 마음속에만 존재한다.

그러니 행복이란 사실 착각이요
또
꿈 같은 것이다.

그런데도
우리는 그것을 손에 쥐려고
항상 용을 쓴다.

무소의 뿔처럼

경들을 소개하면서
어찌 '수타니파타' 한 구절을 소개하지 않을까!
수타니파타는 최초의 불교경전이다.

여기에 "무소의 뿔처럼 혼자서 가라."
라는 말이 나온다.

"소리에 놀라지 않는 사자와 같이
그물에 걸리지 않는 바람과 같이
흙탕물에 더럽히지 않는 연꽃과 같이
무소의 뿔처럼 혼자서 가라."

사자는 동물의 왕이다.
그러니
두려울 것이 없다.

바람은 형체가 없다.
그러니
걸리는 것이 없다.

연꽃은 흙탕물 위에 떠있다.
그러니
더럽혀지지 않는다.

하물며
만물의 영장인 당신이
두려울 것이 무엇이며

형체도 없는
마음을 가지고
걸릴 것은 또 무엇인가!

세상에 모든 탐욕을
아래다 두고
연꽃처럼 우아하게

무소의 뿔처럼
혼자서 가라.

돈과 도

사람이 돈을 탐내면
돈의 노예가 되기 일수다.

그렇다면
도(道)를 탐내면 어떨까?
물론 도의 노예가 될 수도 있다.

하지만
최소한 돈을 노예로 만들 수는 있어 보인다.

그러니
난 차라리 도를 탐내야겠다.

가난해도 좋으니

누구나 알고 있는 성경 구절이다.

"낙타가 바늘귀로 들어가는 것이
부자가 하늘나라에 들어가는 것보다 쉬우니라."

그런데도
우리는 절이나 교회 성당 등에 가서
은연중에 라도
부자가 되게 해달라고
기도를 하고 있지는 않은지?

아니라고……

그저 큰아들 대학에 합격하게 해달라고……

대학에 합격해 공부 열심히 해서
가난해도 좋으니
사회에 크게 이바지하는 인물만 되게 해달라고……

성공과 만족

이런 글귀가 생각난다.
“성공이란 만족함으로 얻어지는 것이다.”

그런데
“사람의 욕심이란 천지를 채우고도 부족한 것이다.”
라는 말도 있다.

그러니
성공이란 그만큼 어려운 일로도 생각된다.

그래도
성공하고 싶은가?

그렇다면
먼저 욕심을 좀 내려놓는 것이
좋을 것 같다.

SAME

아이들에게
“꿈과 희망을 크게 가져라!”
란 말을 많이 한다.

하지만
이 말을 다시 하면
“절망과 좌절을 많이 가져라!”
란 말도 된다.

왜냐하면
꿈과 희망은 크면 클수록 이루기 어렵고
이루어지지 않는 꿈과 희망은
절망과 좌절로 변해 버리니 말이다.

그럼 아이들에게는 뭐라고 해야 하나?
그건 어렵지 않다.
그대로
“꿈과 희망을 크게 가져라!” 하면 된다.

왜냐하면
아이들이 나이가 들면 그때 다시
“다 놓으시게 그러면 편안하네!”
란 말을 하면 되니 말이다.

분별이 없다

화장실에 가면 누구나 평온함을 느낀다.
특히 급할 때 갈수록 그렇다.

왜 그럴까?
우문처럼 들릴 수도 있을 것이다.

하지만
화장실에 가면
분별심이 없어지기 때문이다.

화장실에 가서 먼저 나오는 것은 무엇일까?
알 수 없다.
왜냐하면
급한 것부터 나오기 때문이다.

그러니
거기엔 분별심이라곤 찾아볼 수가 없다.

도루묵

의상대사 법성게의 일부다.

하나 가운데 일체가 있고
여럿 가운데 하나가 있다.
하나가 곧 일체요
여럿이 곧 하나라
한량없는 시간이 곧 한 생각이요
한 생각하는 그대가 바로
한량없는 시간이다.

쉽게 한번 풀어보자

꽃 속에도 우주가 있고
우주 속에도 꽃이 있다.
하지만
꽃도 우주도
내가 없으면
다 무슨 소용이 있을까!
그러고 보니
나 또한 우주 속에 있었구나!

도루묵이군!

박수나 받자

아름다운 색깔과 소리는
항상 우리를 즐겁게 한다.

부와 명예라는 것도 그렇다.
그러니
우리는 항상 더 가지려고만 한다.

하지만
죽음에 이르게 되면 어떨까?
그제서야 우리는
이것들이 다 소용없음을 알게 될 것이다.

그러니
있을 때 베풀어야 한다.
어차피 소용도 없는 것들이라면
다 나누어 준들 어떠랴?

어차피 소용도 없는 것들을 받아 들고도
박수까지 쳐줄 텐데……

안 운다

장자는 평생을 같이한 아내가 죽었는데도
돗자리에 앉아 대야를 두드리며
노래를 불렀다고 한다.

그런데
그때도 대야가 있었나?

어쨌건
그의 말인즉

"사람에게는 애당초 형체가 없었다."
"유와 무 사이에서 기가 생겨났고
기가 변형되어 형체가 다시 생명으로
모양만 바뀐 것이다."
"지금 내 아내는 우주 안에 잠들어 있다."

그러니
자신이 우는 것은 자연의 이치를
모른다는 것과 같은 것이란다.
그래서
안 운단다.

요새도 아내가 죽으면
안 우는 사람들이 많단다.
하물며
화장실에 가서 웃기도 한단다.

자연의 이치를 너무 잘 알아서가 그럴까?

그래서
아내들은 또
남편보다 빨리 죽지 않으려고 애를 쓴다.

수명이 길어지는 이유다.

여자의 마음

네 생각은 어때? 묻는다.
잘 모르겠는데……

생각을 어찌 말로 할 수 있겠는가?
너무 어려운 질문이다.

마음은 결정했어? 묻는다.
아직……

마음이야 계속 움직이는 것이데
어찌 결정을 하란 말인가?
너무 어려운 요구다.

그런데도 우리는 가끔
무리하게 알려고 드는 것이 있다.

바로
여자의 마음이다.

겨자씨

애지중지하던 외아들을 잃은 어머니가 있었다.
석가모니부처님을 찾았다.

“부처님~
무엇이든 할 테니 제발 제 아들만 살려 주십시오.”
“그래?
그럼 마을에 내려가 겨자씨를 좀 구해오너라.”
“단 아무도 죽은 사람이 없는 집의 것이라야 한다.”

어머니는 부리나케 마을로 내려가
열심히 겨자씨를 구했다.
하지만
어느 집도 죽은 사람이 없는 집은 없었다.

그리고 깨달았다.
슬픔을 멈추었다.

사랑하는 사람이 죽는다는 것은
참으로 마음 아픈 일이다.
하지만
우리 주위에서
매일 일어나는 허다한 일이기도 하다.

성스러운 강

석가모니 부처님을
그저 엄숙하기만 한 분으로
생각하는 사람들이 대부분이다.

하지만
알고 보면 유머감각이 대단히 풍부했던
분이라는 걸 알 수 있다.

한번은 석가모니 부처께서
겐지스 강 근처에 계셨다.
이를 본 힌두교 사제가 다가와 말했다.

"어서 이 강에 몸을 씻으시오."
"이 성스러운 강에 몸을 씻으면
당신의 죄업이 모두 사라질 것이오."

이 말을 들으신 석가모니 부처께서
한 말씀 하셨다.

"그럼 이 강에 사는 물고기들은 모두 죄가 없소?"

빈손

나뭇잎이 시들어 다 떨어지면 어떻게 되는가?
물었다.
앙상한 몸에 바람만이 가득하단다.

그렇다면
여태껏 들고 있던 무거운 짐을 내려놓으면 어떨까?
빈손이다.

그래서 인생은 '공수래공수거'다.

무자식이 상팔자인 이유다.
수의에 주머니를 만들지 않는 이유다.

독작

공부를 잘하려면 사실 잘 쉬는 것부터 배워야 한다.
스트레스를 가지고 공부를 한다는 것은 얼마나 비효율적인 일인가!
이태백군의 시나 한 수 소개하자.

독작

하늘이 만일 술을 사랑하지 않았으면
주성이 하늘에 있지 않았으리라.
땅이 만일 술을 사랑하지 않았다면
땅에 주천이 없으리라.
이미 들었노라.
맑은 술은 성인에 비하고
탁한 술은 현자와 같다.
성현 또한 술을 이리 마셨거니
어찌 반드시 신선을 구할 것인가
석 잔을 마시면 대도에 통하고
말술은 자연의 도리에 합한다.
다만 취중의 아취를 얻으면 그뿐
깨어 있는 자에게 전할 생각을 말아라.

그래도 난 전해보련다.
친구에게 전화 걸어서.

들어가라

"더울 때는 더위 속으로 들어가라."

"추울 때는 추위 속으로 들어가라."

그렇다.

더울 때는
햇볕이 쨍쨍 내리쬐는 바닷가가 최고다.

추울 때는
스키장이 최고다.

끼어들기

날이 더워졌다.
벌써 여름인가 보다.

날이 서늘해졌군.
벌써 가을인가 보다.

한시(漢詩) 중에 이런 구절을 봤다.
"사계절의 법칙이 논의하더냐?"
"만물의 질서가 서로 따지더냐?"

그러니
제발 끼어들기들 좀 안 했으면 좋겠다.

마음 찾기

삼계(三界)를 돌아봐도
본래 법이 없단다.

그러니
마음인들 어디서 구할 소냐?

구할 마음 또한 없다 하니
도로 마음이 편안하다.

그러고 보니
마음 찾기란
애인과도 같은 것인가 보다

내 돈이란

"부자로 죽는 것보다 부자로 사는 것이 낫다."
라는 말이 있다.

그렇다면
내 돈이란 과연 무엇을 말하는 것일까?

내가 지금 가지고 있는 돈일까?
아니면
내가 이제껏 나를 위해 쓴 돈일까?

아무래도
내 생각엔 후자 쪽인 것 같다.

친구에게 한번 물어보았다.

둘 다 자기 돈이란다.
정답인 듯 들렸다.

집터만

촛불이 다 타고
촛대만 남았다.

한 생각 일으켜
근사한 집 한 채를 올려본다.

하지만
잠시 생각을 놓았더니
덩그러니 집터만 남고 말았다.

아~
있을 때 팔아버릴걸!

대단한 허깨비

마음은 허깨비란다.

그래서
비에 젖는 일도 없고
불에 타지도 않는다.

칼에 베이는 일도 없고
창에 찔리지도 않는다.

그러니
귀신은 물론
신들조차 어찌할 바가 마땅히 없어 보인다.

정말 대단한 놈이다.

조미료

내 몸은 어디서 왔을까?

아마도 부모님 DNA에서 온 듯하다.
그럼 DNA란 무엇일까?

Deoxyribo Nucleic Acid 란 핵산의 이름이었다.

핵산이라?
어디서 많이 듣던 이름이다.

그럼 결국
내가 조미료에서 왔다는 말인가?

어쩐지
음식에는 조미료가 좀 들어가야
입에 짝 달라붙는 느낌이다.

갓 태어난 아기

"갓 태어난 아기도 육식(六識)을 가지고 있는가?"
물었더니

급히 흐르는 물에서 공을 치는 격이란다.

그리고 보면
생각은 멈추지 않고 흘러간다.
흘러가지 않는 생각은 이미 없다.

전철에서 한 아주머니가
핸드폰에 대고 큰 소리로 화를 낸다.

핸드폰이 뭔가 큰 잘못을 했나 보다.

싱거운 것

"가고 오고 말하고 하는 것이 무엇입니까?"
물었다.

먼저 물이나 한잔 달라신다.
목이 마르신 모양이다.

물 한잔을 가지러 갔다 왔다.
"물 여기 있습니다."

법문이 끝나버렸다.

거 참 싱거운 것이었다.

아이고 깜짝이야

아침에 일어나 거울을 봤다.
얼굴이 팅팅 부었다.

어제 너무 달렸나 보다.

그러다
내 눈과 마주쳤다.
아이고 깜짝이야.

넌 누구냐?
물었다.
대답이 없다.

서로 감정이 상했다.

앞으로 다신 묻지 말아야겠다.

달마도

양무제가 달마대사에게 물었다.
"짐을 대하고 있는 이가 누굽니까?"

"알 수 없습니다."
달마대사가 답했다.

나도 묻고 싶었다.
그래서 달마도 앞에 서서 물어봤다.
대답이 없다.

아직도 모르고 있는 눈치다.

자르기 전에

혜가는 달마대사가
제자로 받아주지 않자
왼팔을 잘라 보였다.

그만큼이나 알고 싶었던 것이다.
그제서야
달마대사가 묻는다.

“무엇이 그리 알고 싶으냐?”
“부처님 법을 들려주소서.”
“부처님 법은 남에게서 얻는 것이 아니다.”
“제 마음이 편하지 못합니다.”
“그래? 그럼 어디 그 마음을 내놓아 보라.”

그 말에 혜가가 크게 깨달았다.

아깝다.
별로 어렵지도 않은 법문
팔을 자르기 전에 좀 들려주시지.

한강물

"나란 무엇입니까?"
물었다.

한강물을 다 마시면 알려주신단다.

"그건 너무 많고요."
"대신 변기 물을 다 마시면 어떨까요?"
물었다.

역시 생각대로 혼만 났다.

"그놈의 입 좀 다물어라!"

붕어

어항 물이 얼었다.
붕어도 얼어버렸다.
죽었나 했다.

그런데
어항 물이 녹고 나니
붕어가 다시 헤엄을 친다.
아주 잘 친다.

"그동안 넌 어디 갔다 왔니?"
붕어에게 물었다.
붕어가 대답이 없다.

생각해보니
내가 바보 같은 질문을 했다.
붕어는 그동안 쭉 어항 속에 있지 않았던가!

어디서

양 복제에 성공했다.
원숭이도 개도했다.

그것도 아주 작은 피부 조각으로 말이다.

하나가 아니라
무수히 할 수도 있단다.

생각했다.

"그럼 그 많은 양, 원숭이, 개가 다
어디서 오는 걸까?"

그런데
소는 왜 복제를 안 할까?
소 값이 너무 떨어져서 그런 걸까?

어머니의 사랑

어머니의 사랑이란 무엇인가?
'깨달음'이란다.

자식을 구하려고
불에 뛰어드는 어머니를 보자.
자신의 존재를 인식하지 못한다.

그런데
"이 세상 모든 어머니들은 지옥에 갈 것이다."
라는 말도 들었다.
자식에 대한 집착 때문이다.

그제서야
지장보살이 지옥에 계신 이유를 알았다.

불치병

세상은 너무 알려고 드는 것이 문제다.

인터넷을 보다 보면
이건 너무 심하단 생각이 들 정도로
사람들의 사생활이 낱낱이 공개된다.

처음엔 혹하다가도
이내 내 기분까지 상하고 만다.

그래서
옛 성인들은

"알려고만 하지 마라."
"모를 줄도 알아라."고 했나 보다.

알려고만 하는 건
아마도
인간의 불치병인듯하다.

용감해 보여

아마도 우주 공간은 한계가 없어 보인다.
시간도 마찬가지다.

그런데
우리네 인생은 어떤가?

길어봐야 백 년을 못 가고
이 비좁은 지구 안을 떠나지도 못한다.
달까지 갔다 온 사람도 있다지만
우주에 비하면 새 발의 피다.

그런데도
과학자들은 우주와 시간의 개념을 놓고
서로 논쟁을 벌인다.
그것도 아주 결렬하게 말이다.

용감해 보여서 좋다.

나란

"나는 누구인가?"
"너 자신을 알라!"

뭐 이런 말들의 답에 목말랐다.
그래서
물을 한잔 쭉~ 마셨다.

화장실 생각이 났다.
"내가 눈 똥 속에 내가 먹지 않은 것은 없었다."

나란 결국 이런 것이었군!

내 맘

넌 누구냐?

모르겠다.

생각해 봐라.

싫다.

왜?

내 맘이다.

인과응보

3+3=6

3+3+2=8

3+3+2+9=17

인과(因果)

3+3+2+9-17=0

인과응보

귀신은 있다

다시 좀 쉬어가고 싶다.
귀신 이야기나 잠깐 하자.

아침에 약속이 있는데
늦게 일어났다.

우선 세수를 했다.
그런데
안경이 보이질 않는다.

안경 귀신이 장난을 걸어온 것이다.
이놈은 꼭 바쁠 때 장난을 걸어온다.

안경을 찾을 때 쓰는 안경을 찾아 썼다.

침대와 협탁 사이에서 찾아냈다.

그래도
오늘은 좀 쉬운 곳에 숨긴 편이다.
보름 전에 숨긴 안경은
아직도 못 찾고 있다.

라이터 귀신 퇴마록

라이터 귀신도 얼마 전까지는
우리 집에 같이 살았다.

하지만
지금은 집에 없다.

왜냐하면
하루는 내가 집안 곳곳에 라이터를
숨겨두었기 때문이다.

그러니
라이터 귀신은 더 이상 우리 집에
라이터를 숨길 곳이 없어진 것이다.

그날 이후론 집을 나가서 돌아오지 않는다.
완전 삐진 모양이다.

가끔은 그립다.
그런데 다행인 것이 있다.

주머니에 왔다 갔단 흔적을
가끔은 남기는 것이다.

모두 몇 개게

이야기는 역시 귀신 이야기가 최고다.
탄력받은 김에 하나 더해보자.
어딘가에서 들은 이야기다.

술을 좋아하시는
할아버지 한 분이 계셨다.

하지만
할머니가 술 드시는 것을
너무 싫어하셔서
매일 바가지에 시달려야 했다.

그러던 어느 날
갑자기 할머니가 돌아가셨다.

잠시 술을 끊었던 할아버지는
다시 매일 술을 드신다.

그런데 문제가 생겼다.
할머니 귀신이 나타났다.

술만 마실라치면
할머니 귀신이 나타나 할아버지를 괴롭힌다.

그래서 할아버지는 퇴마사를 찾아갔다.

퇴마사는 빨간색 주머니에
작은 자갈 한 주먹 넣어 할아버지께 드린다.

그리곤 할머니 귀신이 나타나면
그 주머니를 흔들며
"이 속에 자갈이 모두 몇 개게?"
물어보란다.

할아버지는 시키는 대로
할머니 귀신이 나타날 때마다
그것을 꺼내어 물어본다.

"이 속에 자갈이 모두 몇 개게?"

그 후론 할머니 귀신이 나타나지 않았다.

할머니 귀신은 재미가 없었던 것이다.
주머니 속에 자갈이 모두 몇 개인지
알 수가 없었던 것이다.

할아버지도 모르듯이……

전생에도

윤회가 있다면
전생에 나는 무엇이었을까?

궁금하던 차에
이런 이야기를 들었다.
“1초 전의 나를 보려거든
지금의 나를 보면 되고
1초 후의 나를 보려 해도
지금의 나를 보면 된다.”

그러니
전생의 나를 보려거든
지금의 나를 보면 되고
후생의 나를 보려 해도
지금의 나를 보면 된다.

그렇다.
전생에도 나는 이 모양이었다.

내가 더 무섭다.

책상도 나무고
걸상도 나무다.

그런데
이놈들은 사람들이 도통 무서워하지 않는다.

그래서
이번엔 나무로 불상과 십자가를 만들었다.

다들 슬슬 무서워하는 눈치다.

심지어
그것들에 대고 절을 하는 사람들도 있고
바램을 들어달라고 울기도 한다.

이번엔 내가 더 무섭다.

똑같네

한번은 꽃가게에 들렀다.

꽃을 고르고 있는데
아주머니 세 분이 들어와
꽃을 사서 나가신다.

이야기를 들어보니
교회에 장식을 하시려는 것 같다.

그런데
이번엔 비구니 네 분이 들어 오신다.
똑같은 꽃을 고른다.
"교회에 선물이라도 하시려나?"

"어디다 쓰시려고요?"
마침 주인이 물어본다.
"어디긴요."
"절에 가져다가 부처님 전에 꽂으려고요."

헉~!
꽃은 교회나 절이나 같은 걸 쓰는구나.
당연한 이야기 같지만
막상 보고 나니 기분이 묘하다.

별것도 아닌 것들을 가지고
하도 싸우시기에
당연히 꽃도 서로
다른 것을 쓰시겠거니 했는데
똑같네!

그런데
여자들은 왜 또 저렇게
몰려다니는 걸까?

탁~ 이다

"이 몸은 색(色)이라서 생사가 있는데
그럼 생사를 떠난 것은 무엇인가?"
묻는다.

"산에 핀 꽃은 피어서 좋고
골짜기에 흐르는 물은 흘러서 좋다."

이걸 답이라고 한 것이다.

어이가 없었다.
책을 내던졌다.

책이 탁~ 하고 바닥에 떨어졌다.

탁~ 이다.

어차피 말로는 안 되는 거
그만하자.

탁이다. 탁이다. 탁이다.

탁~탁~탁~탁~탁~
1,000번~!

개는 생각도 하지 마라

빗소리도 법문이란다.
북소리도 법문이란다.
새소리도 법문이란다.

그러니
어찌 개 소린들 법문이 아니겠는가?

멍~
멍~
멍~

그런데
개는 보이지 않는다.

개는 생각도 하지 마라.

문자로 보내

본래 한 물건도 없는 곳에
꽃도 있고 달도 있고 누각도 있다지만

본래 한 물건도 아닌 것이
미국 가고 호주도 간다.
요새는
화성에도 간다.

뭔 말이야?

안 들려?
핸드폰이 고장인가?

그럼 문자로 보내던지
사진으로 보내야겠다.

적당히 하고

기쁨도 근심도 전부 마음에 자리한다.

그러면
그 자리는 마음 어디쯤일까?

하지만
결국 기쁨도 흘러가고
근심도 흘러가는 것이고 보면
자리하지만, 자리가 없다.

사람들은 모두 한자리 하고 싶어하지만
결국 또 내 주어야 하는 것이
자리의 숙명이다.

그러니
적당히 하고 내려오는 게 상책이다.

금연

말은 생각으로부터 시작된다.
행위도 마찬가지다.

생각을 끊으면
담배를 피울 생각도 없어진다.
그러니
담배를 피우는 일도 없다.

역으로
생각을 많이 하는 일을 하는 사람은
담배도 많이 피운다.

난 담배 끊기가 하늘의 별 따기만큼이나 어렵다.
아니
끊을 생각조차 하지 않는다.

난 역시 안 되겠다.

초심으로

초발심자경문에도 나오는 글이다.

"초발심시 변정각"

나름대로 해석하자면
"처음 낸 마음이 이미 부처에 닿다."
정도가 아닐까?

우리는 시작이 반이란 말을 많이 한다.

그만큼 시작하기가 어렵다는 말도 되지만
또 역으로 말하자면 시작한 순간
이미 반은 끝냈다라는 말도 된다.

년 초가 되면 금연을 결정하는 사람들이 많다.

처음 그 마음만 계속 유지한다면
금연은 뭐 그리 어려운 일도 아니리라.

하지만 우리는 항상 처음 생각을 잊고 만다.

그러니 모두 다시 초심으로 돌아가야 한다.

삼일수심천재보

초발심자경문 이야기가 나왔으니
한 구절 소개해본다.

이 세상 나올 때
한 물건 가져온 것이 있는가!
그러니
갈 때 또한 빈 손으로
가게 되는 것이라!

나의 재물도 아끼는 맘조차
없어야 하거늘
어찌 다른 사람의 재물인들
마음에 두랴!

만가지 지녔어도 가져가지 못하고
오직 업만이 몸을 따른다.

그러니
삼일 동안 닦은 마음은
천 년의 보배가 되지만
백 년 동안 탐한 재물은
하루아침에 재가 되고 만다.

삼 일 아니라
삼 분만 생각해도
단박에 깨칠 수 있는 진리를
우리는
백 번을 죽고 태어나도
모르고 산다.

두레박질

"부처님의 가르침은 한결같은데
듣는 사람은 왜 저마다 다릅니까?"
물었다.

"젖은 나무는 불에 올려놓아도 타지 않는다."
답한다.

듣고 보니
문제는 나무였다.
화력을 탓할 것만이 아니었다.

그러니
"우물이 깊네, 물이 적네 탓하지 마라."

결국은
두레박질 잘못이다.

오타

“다리는 흐르고 물은 흐르지 않는다.”

혹시 오타가 아닌가?

물은 흐르고 다리는 흐르지 않는다.
라고 해야지.

그렇게도 보인다.
그럼 다시 쉽게 고쳐야지.

“생각이 흐르지 않으니 몸만 흐르고 있더라.”

이건 어떨까?

이것도 결국 너무 어려워 보인다.
안 되겠다.

차라리 오타라고 해야겠다.

묻는바

"도(道)란 보고도 모르고
알아도 안 것이 아니다."

그러니
결국 도란 알려고 할 것도 없고
물어볼 것도 없는 것이다.

그래도
모두 알기를 원하고 묻고만 있으니……

"그대의 묻는 바가 바로 도다"
라고 하는 수밖에는 없어 보인다.

그러고 보니 이 말엔
토 달기가 무척 어려워 보인다.

산속에서

우리는 가끔 손에 든 물건을 찾는 수가 있다.
한번은 이런 경우가 있었다.

인터넷으로 바둑을 두다가
여기 담배 한 개비를
분명 꺼내 놨었는데 하면서
책상 위를 샅샅이 뒤졌다.
그도 모자라
서랍까지 다 열어봤다.

왜냐하면
그 한 개비는 마지막 남은 돗대여서
그게 없으면
담배를 또 사러 나가야 할 판이였기 때문이다.

에잇 하고 짜증을 내는 순간
입에 뭔가가 느껴졌다.

내가 찾던 그 담배가 바로 내 입에 물려 있던 것이다.

산속에서 산을 찾고 있었던 것이다.
물속에서 물을 찾고 있던 셈이다.

캐디

무엇이 부처인가 물으니
삼이 서 근이란다.
마른 똥 작대기란다.

그런데
모두 삼 서 근만 보고
부처는 못 본다.
마른 똥 작대기는 보고
부처는 못 본다.

왜 그럴까?

난 골프를 치러가서
그날 캐디가 너무 예쁘면
골프가 잘 안 된다.

공은 안 보고
자꾸 캐디를 보기 때문이다.

숭례문

선문답 책에는 어려운 단어가 너무 많다.

예를 들자면
진진삼매, 청정법신, 반야의 본체
뭐 이런 단어들이다.

사실 이런 단어들은 보기만 해도
주눅이 들어버리기 일쑤다.

부처도 뭔지 모르겠는데
이런 것까지 어떻게 다 알 수 있으랴!

그런데
그게다 분별심 때문이었다.

부처님과 전부 한통속이었다.

숭례문이 남대문이란 걸 모르고 있던 것이다.

남대문

남대문이 북쪽에 있다고
우기는 사람이 있다.

사실 우리나라에선
목소리가 큰 놈이 장땡이다.

"북쪽에 있다면 북쪽에 있는 거야~!"
라고 성을 내면
안 가본 사람들은
그러려니 하는 수밖에 없다.

그런데 알고 보니
그 사람 말이 틀린 것은 없어 보였다.

그 사람은 남대문을 남쪽에 바라봤던 것이다.

반야의 본체

"반야의 본체가 무엇인가?"
물었다.

반야란 끝 없는 지혜를 말한다.
그러니
그 지혜의 본체가 뭐냐 물은 것이다.

"조개가 밝은 달을 머금었다."
답한다.

참으로 멋진 응수다.
중생이 어둠에서 눈을 떴다라는 말이다.

그 답을 듣고 난 생각했다.

"그 조개 참 맛있겠다."

항상 생각이 문제다.

반야의 쓰임새

"그럼 반야의 쓰임새는 무엇인가?"
묻는다.

"토끼가 새끼를 배었다."
답한다.

그 답을 듣고 난 생각했다.
"그 토끼를 팔아서 얼른 개를 사야지."

개를 사서 개가 다시 새끼를 배면
이번엔 팔아서 뭘 사지?

어디 반야를 통해 새끼만 배랴!
세상에 죽었던 것들도 다시 살아나는데……

답답하다

우스갯소리 하나 하자.
어느 할아버지께서 친구분과 둘이 길을 걷고 계셨다.

"여보게 여기가 어딘가?"
대답이 없자 다시
"여보게 여기가 어디냐고?"
그래도 대답이 없자 화를 내시며
"아니 이 사람이 귀가 먹었나?"
도대체 여기가 어디야?"
그러자 친구분이 돌아서서 하신다는 말씀이
"아니 이 친구가 진짜 귀가 먹었군."
"대학로라고 몇 번을 얘기해."

너무 웃겼다.

다시 한번 생각해 보았다.

할아버지의 친구분은
기껏해야 같은 말씀을 세 번 하고도 화를 내셨다.

그러면
같은 이야기를 84,000번이나 하신 분은
얼마나 답답하셨을까?

중도

'기왕불구'라니 우스갯소리 하나 더해보자.
학생운동이 한창일 때 나온 것이다.

제목 "어디에도 서지 마라."

학생운동이 걱정인 아버지가 아들에게
"오른쪽에 서면 우익이요."
"왼쪽에 서면 좌익이요."
"앞에 서면 선동세력이요."
"뒤에 서면 배후세력 된다."
"그러니 아무 데도 서지 마라."

이 말을 들은 아들이 한마디 한다.
"그럼 가운데 서면 되겠네요?"

아버지가 깜짝 놀라며
"가운데는 더 위험해."
"핵심세력으로 몰려!"

우스갯소리지만 잘 생각해보면 의미하는 것이 크다.
사람이란 결국 그 어느 곳에 서도
중도에 섰다고 말할 수 없다는 것이다.

중용

"중도에 설 수 없다."란 그럼 또 무슨 말인가?

불교의 가르침이 중도사상에 있는데
중도에 설 수 없다니 이거 참 알 수 없는 말이다.

하지만
그 이유는 중도 사상을 나타내는 중용에
용(庸)자에 숨겨져 있는 듯하다.

중용에 용자는 쓸 용자로
상태나 정도를 나타내는 말이다.

그러니
그곳은 아무래도 몸을 가지고
설 수 있는 장소는 아닌 듯 보인다.

굳이 선다는 표현을 쓰자면
나를 버려야 설 수 있는 장소쯤으로
하면 어떨까?

같이 사는 지혜

고봉 스님께 "부처님의 지혜가 무엇입니까?"
물었다.

"용과 뱀이 함께한다."
"성인과 범부가 함께 산다." 답하신다.

그렇군!
용과 성인(聖人)만 사는 세상이 아니었다.
결국, 같이 사는 세상이다.

그러니
따지지 말라는 말이다.
따지지 않으면 분별심이 필요 없다.
그것이 지혜다.

그러니
사실은 지혜도 필요 없다.

성경의 지혜

전도서에 나오는 구절이다.

"어떻게 사는 것이 지혜로운 일인지
어떻게 사는 것이 어리석고 얼빠진 일인지
알아보려고 무척 애를 써보았지만
그것 또한 바람을 잡는 것 같은 일이었다."
"어차피 지혜가 많으면 괴로운 일도 많고
지식이 많으면 걱정도 많아지는 법이다."

고린도전서에 나오는 구절이다.

"아무도 자기 자신을 속이지 말라
너희 중에 누구든 이 세상에 지혜 있는 줄로
생각하거든
어리석은 자가 되어라
그리하여
지혜로운 자가 되리라."

닥치고 글

"일체의 법이 그대로 불법인데 무엇을 따로 내세우리!"
그러니
불법이라 내세울 땐 이미 사라진다.

찾을 길이 막막하다.

그러니
난 찾으려고도 안 한다.

하지만
그것 또한 내세움이란 생각이 든다.

그러니
닥치고 글이나 쓰자.

가만히 있자

"지금 보는 산과 그때 본 산이 같은 산인가?"
묻는다.

어차피
이런 질문에 대고
"같다 해도 틀렸다." 할 것이고
"틀리다 해도 틀렸다." 할 것이다.

그래서
아무 말도 안 했다.
그랬더니
다시 묻는다.
"어째서 그러한가?"
내 마음을 읽었나?

어쨌든 그래서
이렇게 답했다.
"같다 해도 틀리지 않고,
다르다 해도 틀리지 않기 때문입니다."

"틀렸다." 말한다.

그럴 줄 알았다.
역시 가만있는 게 최고다.

그렇게 하면
맞은 것도 틀린 것도 아닌 것이 된다.

부처님께서 가만히 앉아계신 이유였다.

쓰레기통

무심(無心)이란 무엇인가?
평상심(平常心)의 다름 이름이란다.

그러니
무심이 기러기라면
평상심도 기러기다.

엎어 치나 매치나.

기러기는 그렇다 치더라도
쓰레기통이라 하면 어떨까?

그건 안 된다.
쏟아지기 때문이다.

같은 말

금강경에
응무소주이생기심 이라는 말이 나온다.

직역해 보면
“머무르는 바 없이 마음을 내라.”라는 말이다.

많은 스님들께서 이 구절에 번쩍
눈을 뜨신다고 한다.

의역해 보면
“너는 구제할 때 오른손이 하는 것을
왼손이 모르게 하라.”
라는 뜻이다.

이단

도는 만물을 낳는다.
도란 음과 양의 조합이기 때문이다.

결국, 아담과 이브다.
그러면
도란 하느님의 다른 이름인가?

난 말하지 못한다.

왜?

이단으로 몰리면
골치가 아프다.

잠깐만

무심이 평상심의 다른 이름이라면
평상심은 도의 다른 이름이다.

그러니
도 또한 무심의 다른 이름이다.

그러면
무심은 무엇인가?

졸음이 몰려오는 상태에서
잠들기 직전의 내가 아닐까?

허기가 몰려오는 상태에서
밥 한술 입에 넣기 직전의 나는 아닐까?

틀렸다고?

잠깐만
잠 좀 자고 나서 이야기하자.
밥 좀 먹고 이야기하자.

안다 모른다

"안다." 하는 것은 이미 틀린 깨달음이요.
"모른다." 하는 것은 자각하지 못하는 것이다.

그러니
어찌 안다 모른다 하겠는가?

너무 어려워 모르겠다.

모른다 하지 말랬는데……

난 또 그러고 있다.

한라산

학문이란 하루하루 쌓아가는 것이다.
하지만
도란 하루하루 비우는 것이다.

비어 있으면 무엇에든 쓸 수 있다.

쌓아 놓으면 위태롭지만
비어있으면 걱정이 없다.

배가 고프면 반찬 투정을 하지 않는다.
"시장이 반찬이다."
란 말도 있다.

그래서
도인들은 이슬만 먹고도 사는가 보다.

하지만
난 흔들어도 마신다.

가끔은 한라산도 마신다.

마음은 공짜

"동서가 십만에 남북이 팔천이다."
무엇을 두고 하는 말인가?

마음이다.

사실 마음이 어찌 그것만 하겠는가?
하지만
또 그만큼도 쓰지 못하는 것이 마음이다.

사람들은 "공짜라면 양잿물도 마신다."
란 말도 있는데
마음만은 그렇지 않아 보인다.

예외 없는 법칙은 없다더니
이를 두고 하는 말이 아닐까?

아깝다.

누가

가장 좋아하는 법문 중 하나다.

"무엇이 해탈입니까?"
"누가 너를 속박하는가?"
"무엇이 정토입니까?"
"누가 너를 더럽히던가?"
"무엇이 열반입니까?"
"누가 네게 생사를 주었던가?"

그러게나 말이다.

"그러면서 왜 또 묻는가?"
"누가?"

나는 분명 아니다.

그거면 족하다

조주화상의 법문이다.

"여기에 와 본 적이 있는가?"
"있습니다."
"끽다거(喫茶去)~!"

"여기에 와 본 적이 있는가?"
"없습니다."
"끽다거~!"

"왜 스님은 항상
이래도 저래도 끽다거~ 라 하십니까?"
"끽다거~!"

끽다거~ 란 "차나 한잔하시게!" 라는 말이다.

힘든 일로 친구가 찾아오면
그냥 말 없이 술이나 한잔하면 그만이다.

어떤 일로 힘이 드는지
무슨 대책이 있는지는
묻지도 따지지도 않는다.

진짜 친한 친구 사이에는 눈빛만 봐도
통하는 것이 아닌가?

그런 말을 하려거든
찾아오지 않았을지도 모른다.

그냥 말없이
“술이나 한잔하시게!”

그거면 족하다.

뭘 버렸을까?

조주화상 법문 하나 더해보자.

한 스님이 조주화상에게
“다 버리고 한 물건도 없는데 어찌합니까?”
물었다.

“방하착(放下着)!”이라 답한다.
내려놓으라는 말이다.

“한 물건도 없다는데 뭘 또 내려 놓으라는 말이십니까?”
다시 물었다.

착득거(着得去)! 라고 다시 답한다.
“그럼 짊어지고 가시게!”
란 말이다.

선문답이란 것이 일반인들이 생각하기엔
확실히 어렵긴 어렵다.
논리가 없으니 말이다.

그런데
이런 일화를 한번 들어보자.

언젠가 스님께 한 젊은 남자가 찾아와

"이제 저는 하던 사업도 다 망하고
가진 것이라곤 하나도 없습니다."
"사랑하던 아내도 떠나버렸고
꿈도 희망도 다 버렸습니다."
"그래 자살 생각을 하고 있습니다."

그 말을 듣고 스님이 이렇게 말했다.

"그거 문제군.
그럼 절로 들어오게!"
"밥도 먹여주고 잠자리도 주고 용돈도 준다네!"

그 남자가 잠시 머뭇거리더니
"그건 좀 생각해 보고요!"
라고 답했단다.

그 남자는 과연
뭘 다 버렸다는 것이었을까?

파자소암(婆子燒庵)

불가에 파자소암이란 이야기가 전해져 내려온다.

암자를 지어 한 선승을 뒷바라지하던
공양주 노파가 있었다.
하루는 시봉을 하던 자기의 딸을 시켜
스님의 공부를 시험해 보기로 했다.
노파의 딸이 암자로 찾아가 선승에게
갖은 애교를 떨었으나
선승은 아무런 반응을 보이지 않았다.
이에 노파는 선승의 20년 공부가
헛되었다는 것을 알고
암자를 불 질러버렸다는 이야기다.

이 이야기를 통해 만일 네가 그 선승이었다면
어떻게 했어야 하는가를 물어온다.

나에게는 묻지도 않았지만 나도 한번 생각해 봤다.

"내가 오늘 피곤하니 다음에 오거라."

그래도
노파가 불을 질렀다면

"이런 성질머리하고는……"
"그러니 딸도 저 모양이지……"

위대한 도인

파자소암 이야기가 어렵다면
난 항상 경허선사 이야기를 꺼낸다.

경허선사의 제자인 만공스님이
오랜만에 스승으로부터
법문을 하나 듣고 싶어 물었다.

“스님께서 곡차를 드시고
얼굴에 단청불사까지 하셨으니
한가지 묻겠습니다.”
“스님께서는 이처럼 곡차와
안주로 파전을 즐기시지만
저는 이것들이 있으면 먹고
없으면 안 먹습니다.”

그 말을 들은 경허선사는
곡차를 단숨에 들이키더니
빈 잔을 만공스님에게 건네시면서

“난 자네가 그토록 위대한 도인인지 전혀 몰랐었네.”
“자~ 제잔 한 잔 받으시지요.”

그리고는
만공스님에게 큰 절을 올렸다.

이에 당황하는 만공스님에게 경허선사는

“난 아직 자네의 경지에 이르지 못해서
술이 마시고 싶으면 좋은 밀 씨를 구해 누룩을 만들어
술을 빚고 마시고,
또 파전이 먹고 싶으면 파를 심고 가꿔서
이처럼 밀가루와 버무려 파전을 만들어 먹지.”
라고 하셨다.

뭐 이 정도면
파자소암의 답이 될 수 있을까?

짝퉁 부처

"부처를 만나면 부처를 죽여라."
"조사를 만나면 조사를 죽여라."
라는 말이 있다.

난 얼마 전 꿈속에서 부처님을 뵌 적이 있다.
너무나 멋진 모습에 인자하신 표정으로
로또 번호까지 상세히 알려주셨다.

내가 잘못 받아 적지만 않았으면
"1등은 틀림없다." 확신했다.
주말은 어김없이 다가왔다.

두근두근~

그런데 이런
맞은 번호가 하나도 없다.
완전 꽝이다.

생각해보니
짝퉁 부처였던 것 같다.

이런 죽일 놈~!
부처님 행세를 하다니.

그런데도
사람들은 유리 얼룩에서 성모 마리아님을
만나고

햄버거를 한입 베어 문
이빨 자국에서도 예수님을 만난다.

심지어는
구름에서 하느님과 사탄이 대결하는
모습도 본다.

무용지물

대도는 무문이라고 한다.

그런데
무문관(無門關)은 그럼 무슨 말인가?

“대도는 걷는 마음도
무문관은 통과하는 마음도 없다.”

그러고 보면
그것들은 결국은 다 무용지물이었다.

무슨 뜻인가?

다 마신 캔은 분리수거를 한다.
그러니
버린 것으로 다시 재활용을 하는 이치다.

결국, 버림이 또 활용이 된다.

이미 있었다

한 세대는 가고 한 세대는 오되
땅은 영원히 있도다.
해는 뜨고 지되 그 떴던 곳으로 빨리 돌아가고
바람은 남으로 불다가 북으로 돌아가며
이리저리 돌아 그 불던 곳으로 돌아가고
모든 강물은 바다로 흐르되
바다를 채우지 못하며
강물은 어느 곳으로 흐르던지
그리로 연하여 흐르느니라.
이미 있던 것이 후에 다시 있겠고
이미 한 일을 후에 다시 할지라
해 아래는 새것이 없나니
무엇을 가리켜 이르기를
보라 이것이 새것이라 할 것이 있으랴
우리가 있기 오래전 세대들에도
이미 있었느니라.

이것이 전도서 1장에 나오는 글이다.

그래서?

토 안단다고 했다!

작은 얼굴

"온 천하를 면전에 다 던져도 알아채지 못한다."

그러니
뭘 더 어떻게 하랴?

그래서
사람들은 차라리 작은 얼굴들을 선호하나 보다.

얼굴이라도 작으면
맞기라도 덜 맞을 것 아닌가?

성형외과가 인기 있는 이유를
이제 좀 알겠다.

불가사의

생각의 끊어짐이란 과연 무엇일까?

사의함이 없으니 얻을 것도 없다 란 말이다.
논할 것조차 없다 란 말이다.

그러니
불가사의다.

바다에는 많은데 먹지 못하는 이유였다.

아까 그 장면

"주장자가 용으로 변해 온 대지를 삼켜버렸다."
"그러니 산하대지를 어디에서 찾겠는가?"
물어온다.

어디긴 어디겠는가?
용 뱃속에 있지.
뭘 그리 쉬운 질문을……

"그럼 그 용은 다시 어디 있겠는가?"
다시 묻는다.
이건 좀 어렵다.

가만 좀 있어보자……

그 용을 좀 만나봐야겠는걸……

참~
어디 있는지 알아야지……

결국 생각이 멈추고 말았다.

어디서?
아까 용이 산하대지를 다 먹은 장면에서.

차라리

"만법이 하나로 돌아가는데 그 하나는 어디로 돌아가나?"
물었더니
청주에서 만든 베적삼이 일곱 근이란다.

얘긴 즉 달아 봤다는 것이다.
물론 확인할 길은 없다.

거짓말 같은데 물증이 없다.

그럼 나도 한번 베적삼을 달아봐야지.
저울을 가져왔다.

베적삼을 올려놓으려는데
이의를 들고 나온다.

그건 그때 청주에서 만든 게 아니란다.

이런~

차라리 내가 생각을 말고 말지.

가로수에 매미다

"달마가 서쪽에서 온 까닭은 무엇인가?"
물었다.
뜰 앞에 잣나무란다.

"왜 오긴? 불법을 전하러 왔지."
뭘 그리 쉬운 걸 물어보나?

그런데
왜 뜰 앞에 잣나무?

달마대사가 주장자를 그 나무로 만들었나?
용문사 은행나무가 더 멋지던데……
'어린 왕자'에 나오는 바오밥나무가 더 크던데……

왜 하필 뜰 앞에 잣나무일까?

참~!
질문의 요지가 그게 아니었지.

어~ 근데 벌써 새벽 3시다.
언제 이렇게 된 거지.
이제 그만 자야겠다.

그런데
시끄러워 못 자겠네.
여름 밤엔
가로수에 매미가 엄청 울어댄다.

마음은 보따리

"마음이 왜 부처인가?"
물었더니
우는 아이를 달래려고 그랬단다.

참 핑계도 가지가지다.

그런데
보따리를 든 사람이 물에 빠지면 어떻게 할까?
사람을 먼저 건진다.

보따리를 먼저 건지려다
사람이 죽을 수도 있기 때문이다.

그런데도
사람들을 살려놓고 나면
보따리를 내놓으라고 되려 큰소리를 친다.

결국, 또 달래는 수밖에 없다.

그래서
인간의 구제는 어차피
지옥보다도 아래에 있는 것이란다.

큰 거울

텅 빈 마음은 맑은 거울과도 같단다.
무엇이 오든
있는 그대로를 비춘단다.

우주가 다가오면
우주까지도 비춘단다.

그렇게 큰 거울이 마음이었다.

그렇다면
지금 내 마음은 얼만한 거울일까?

우주는 커녕
코끼리라도 제대로 비출 수 있을까?

완전한 비움

"완전한 비움은 무엇일까?"
"참된 고요를 보는 것이다."

모든 것이 생겨날 때
그 되돌아감도 보는 것이다.

무성함은 없는 것이요.
없는 것이 다시 무성해진다.
그것이 바로 영원함이다.

영원함을 보려거든
먼저 밝아야 한다.

마음에 무언가 있으면
그것으로 인해 어딘가엔
꼭 그늘이 생기기 마련이다.

그러니
밝음은 완전한 비움에서 오는 것이다.

아~
난 이 많은 걸
언제쯤이나 다 비울 수 있을까?

●나가는 말

난 세상에 모든 사람들이
생각 없이 살았으면 좋겠다.

일반인들이 들으면
참으로 위험한 말로도 들리 수 있을 것이다.

왜냐하면
"막살아라!"
라는 말로 들릴 수 있으니 말이다.

하지만
어찌 생각 없이 막살 수 있을까?
막사는 것이야말로
욕심이란 생각에서 출발한 삶이다.

"나만 잘살면 남들은 다 어떻게 되든 상관없다."
란 생각이다.

그러니
생각이 없으면 막살 수 없다.
자살도 물론 할 수 없다.
자살할 생각조차 할 수 없기 때문이다.
천국에 가려는 것도 큰 욕심이다.

그러니
"가려는 자는 가지 못 가고
가려는 생각조차 하지 못하는 이들은 가게 된다."

생각 없이 사는 삶이야말로
분별심이 떠난 자리요
선악과를 따먹기 이전의 삶이 아닐까!

그러니 생각 없는 사람들은
천국의 자리로 다시 돌아가게 된다.

그 자리에는 너와 나란 경계도 없다.

생각이 떠난 그 자리에 사랑이 충만하다.
생각이 떠난 그 자리에 자비심만이 가득하다.
생각이 떠난 그 자리에 비로소 길(道)이 열리게 된다.

사족

이쯤에서
그동안 공황장애에 속아오셨던 분들도
그 증세가 사라지셨으면 좋겠다.

아니
그건 내 욕심일 수도 있겠다.

최소한
이 병이 외부에서 온 것이 아니라
내 생각이 만들어낸 가짜라는 것만
알아채더라도 치료의 길이
활짝 열린 것은 아닌지
스스로 위로해 본다.

난 기러기 생활이 올해로 8년 차다.

그런데
이 글들을 정리하는 동안 그만
아내의 생일을 잊고 말았다.

난 거의 매일 저녁 가족들과 전화 통화를 한다.
어쩐지 일주일 전부터 아내의
전화 목소리가 싸늘했다.

생각 없이 산다는 것은
정말 행복한 일이다.

하지만
이런 실수에 대한 책임쯤은 감수해야
할 것으로 보인다.

이 책을 지나간 아내의 생일 선물로 준다.